POETAS ROMÁNTICOS
INGLESES

Clásicos Universales Planeta

POETAS ROMÁNTICOS INGLESES
Byron, Shelley, Keats, Coleridge, Wordsworth

Introducción de
José María Valverde
catedrático de la Universidad de Barcelona

Traducciones de
José María Valverde y Leopoldo Panero

PLANETA

Este libro no podrá ser reproducido, ni total ni parcialmente,
sin el previo permiso escrito del editor. Todos los derechos reservados

© Editorial Planeta, S. A., 2000
  Còrsega, 273-279, 08008 Barcelona (España)
Diseño de la colección: Helena Rosa-Trias
Realización de la cubierta: Manuel Vizuete
Ilustración de la cubierta: «La torre de Londres y el Támesis a la luz de
la luna», por H. Pether (foto © Bridgeman/Index)
Segunda edición en esta presentación: setiembre de 2000
Depósito Legal: B. 38.117-2000
ISBN 84-08-01940-6
Impresión: A&M Gràfic, S. L.
Encuadernación: Serveis Gràfics 106, S. L.
Printed in Spain - Impreso en España

SUMARIO

	Págs.
Introducción	IX
Cronología	XXVIII
Bibliografía selecta	XXX

WORDSWORTH

Lucy	3
Al cuco	4
Los dafodelos	6
«Mi corazón da un brinco cuando observo»	7
«No perturba a las monjas la estrechez del convento»	8
«Creí ver los peldaños de un trono, que a mis ojos»	9
«Así santificaba para mí una Visión»	10
«Es un hermoso ocaso, tranquilo y libre; el tiempo»	11
«El mundo es demasiado para nosotros: siempre»	12
«¡Oh clara juventud! Bastante era dorar»	13
«Mucho llevo observando, con tristeza en silencio»	14
«Mira los concentrados avellanos que ciñen»	15
Compuesto tras un viaje por Hambleton Hills, Yorkshire	16
«Esas palabras dije cuando, en cavilación»	17
Compuesto en el puente de Westminster	18
En la abadía de Furness	19
Insinuaciones de inmortalidad por recuerdos de la temprana niñez	20
El preludio o Desarrollo de la mente de un poeta	27

COLERIDGE

Himno antes del amanecer, en el Valle de Chamonix	45
El ruiseñor	48
Escarcha a medianoche	52
El Khan Kubla	54
La rima del anciano Marinero	56
Abatimiento: una oda	77
Los dolores del sueño	82
Vida humana	84
A la naturaleza	86

SUMARIO

Págs.

BYRON

Manfred 89
Caín: un misterio 101

SHELLEY

Mont Blanc 133
Oda al cielo 140
Ozymandias 143
La pregunta 144
Himno a la belleza intelectual 146
Prometeo desencadenado 149
Oda a Nápoles 172

KEATS

«¡Oh cuántos bardos doran los transcursos del tiempo!» 177
«¡Oh Soledad! si tengo que residir contigo» 178
«Vivas llamitas juegan por los nuevos carbones» . . 179
«Quien largo tiempo estuvo recluso en la ciudad» . . 180
Al asomarse por primera vez al Homero de Chapman 181
«No muere la poesía de la tierra jamás» 182
«Después que oscuros hálitos gravaron nuestros llanos» 183
«Cuando siento temores de acabar de existir» . . . 184
«Este dulce relato es igual que un vergel» 185
«Si una semana fuese una era, y sintiéramos» . . . 186
Al sueño 187
«¿Por qué reí esta noche? Ninguna voz lo dice» . . . 188
«Clara estrella, ojalá firme como tú fuera» 189
Al ver los mármoles Elgin 190
«Tú, que el viento invernal has sentido en tu rostro» . . 191
«Ese cuerpo mortal que duró tantos días» 192
Muestra de una incitación a un poema 193
Sueño y poesía 195
Endymión 201
Oda a un ruiseñor 205
Oda sobre un ánfora griega 208
Al otoño 210
Oda sobre la melancolía 212
Fama 214
«Léeme una lección, Musa, bien fuerte» 215

INTRODUCCIÓN

Como es sabido, desde finales del siglo XVIII hasta las dos o tres primeras décadas del siglo XX, Inglaterra encabezó la evolución social y económica del mundo moderno, aunque en el orden intelectual y literario no asumiera claramente la voz cantante —ni aun pareciera muy interesada en ello, dejando más bien en sordina sus sólidos logros—. El hábito británico del understatement, de no dar importancia a lo importante, quizá por cauteloso empirismo, podría ponerse en relación con esa falta de «política cultural» en el plano mundial, en contraste con la costumbre francesa. Por lo que toca al presente volumen, cabe decir que la idea y la imagen de «romanticismo», para la conciencia mundial, la formaron y difundieron los franceses, a pesar de que, en el orden de las ideas, eran los alemanes quienes crearon la gran filosofía romántica —el idealismo—, y eran los ingleses quienes escribieron la mejor poesía romántica, o, si el término «mejor» resulta problemático, la más atractiva para la sensibilidad de nuestro tiempo, sobre todo si dejamos a un lado a Hölderlin, no incluido, por cierto, en Die Romantik, según la historiografía alemana.

El romanticismo en Inglaterra empieza muy pronto y muy suavemente: el término «romantic», en sentido de novelesco, ya estaba en el diario secreto (1660-1669) de Pepys, no descifrado hasta la época romántica. Pero los ingleses, siempre reacios a ideas abstractas, nunca quisieron hacer de ese término una etiqueta de escuela, una doctrina partidista. Todavía en 1831, Carlyle, hablando de Schiller, marca en esto el contraste con la mente alemana: «A nosotros no nos agitan controversias sobre romanticismo y clasicismo.» Aquí, como en lo político y lo económico, Inglaterra, por lo mismo que iba por delante de todos, desdeñaba reclamar primacías, y más si llevaban conceptos por banderas. Un siglo antes de que los franceses proclamaran esas grandes ideas platónicas que son Liberté, Égalité, Fraternité, ya los ingleses habían hecho su revolución burguesa, incluida la decapitación de su monarca, y abrían el camino hacia el porvenir, pero preservando lo más posible las apariencias tradicionales. Así, en el siglo XVIII, la nueva sensibilidad —si se quiere, la nueva sentimentalidad— se desarrolló tranquilamente enmarcada en un país que progresaba sin traumas. Aprovechando el privilegio natural de ser una isla —no hollada por invasores desde los normandos de 1066—, y, por tanto, pudiendo limitar sus guerras en otros climas al dinero disponible, Inglaterra, con las cuentas bien equilibradas, realizó entonces su revolución agrícola para pasar pronto a la revolución industrial. El gran señor inglés, aunque tuviera una casa en Londres, no iba a «hacer la corte» perdiendo largamente el tiempo, como en Francia, sino que vivía sobre todo en el campo, sin perder de vista a sus campesinos y pastores: el fisco, también en contraste con la Francia prerrevolucionaria, dejaba en paz los cultivos directos, fuente básica de la riqueza general. En términos literarios, pues, la naturaleza no aparecía en conflicto con la razón, con la civilización y la cultura —esa fe la expresaba en verso Pope en su Ensayo sobre el hombre—: hasta bien entrado el siglo XX, la imagen típica del escritor inglés tiene un fondo de ventana con árboles, por lo menos en el week-end. También la religión era suavemente racional y bien integrada en el sistema de la vida común: en el campo, el señor local nombraba al párroco —mejor dicho, al vicario, como el de Wakefield de la novela de Goldsmith—, pero luego no le podía destituir libremente. El moralismo de las prédicas iba creciendo en sentimentalismo, también debido al aporte puritano que al anglicanismo le costaba no poco digerir: el elegido puede confiar en que lo es, no tanto por el éxito de su actuación cuanto por la calidad de sus sentimientos internos. Este elemento llega a despegarse de la Church of England en el metodismo de Wesley, que, a lo largo del siglo XVIII, apela cada vez más a los «no integrados», ante todo al numerosísimo servicio doméstico y luego a los primeros trabajadores industriales —pero, ante esta nueva clase proletaria, como «teología de la resignación», o, al menos, como escapatoria por el arrebato cordial y la esperanza de otro mundo mejor.

Es notable que fuera entonces la filosofía, sobre todo en cuanto teoría estética, la que se adelantara a los demás aspectos de la vida espiritual inglesa de ese siglo en preparar el terreno al romanticismo: ya en 1707 lord Shaftesbury escribe su Carta sobre el entusiasmo, pronto secundado, aunque sin tanta exaltación, por Hutcheson y lord Kames (Henry Home). Y esta componente cordial seguirá a lo largo del pensamiento británico de ese siglo, muy bien compaginada con su sentido práctico, sobre el que volveremos en seguida: las ideas de «sublimidad» y «simpatía universal» flotan en el ambiente por igual para teóricos y líricos.

En todo caso, viniendo ya a nuestro terreno, la poesía no requeriría de cambios radicales en su tono y temática para hacerse romántica a partir del Enlightenment, de la Ilustración británica, y, más de cerca, de la «época augusta» de su literatura. En el punto de partida, cabe tomar como referencia a Dryden, quien, aunque fuera el más clasicista y racionalista, reconocía que «lo que se había ganado en habilidad se había perdido en fuerza», y que no estaría mal echar un poco al lenguaje «fuera de la prosa». Recíprocamente, ningún romántico pondría en duda el sensato criterio de Addison, en su revista The Spectator, hacia 1710: «Es imposible que sea bello ningún pensamiento que no sea justo y no tenga su fundamento en la naturaleza de las cosas, pues la base de todo ingenio es la verdad, y ningún pensamiento puede ser valioso si el buen sentido no es su cimiento.» Ni siquiera los más exaltados y apasionados románticos habrían negado lo dicho por un personaje de la novela Rasselas del doctor Johnson: «La tarea de un poeta es... examinar, no al individuo, sino la especie: observar propiedades generales y apariencias en grande. No numera los pétalos del tulipán, ni describe los diferentes matices en el verdor del bosque.» (En efecto, el gran prólogo inaugural de Wordsworth, en 1798, como señalaremos poco después, se propone conservar las «virtudes de la prosa».)

En el orden institucional y educativo, se mantiene, en esta evolución, un curioso equilibrio entre libertades y disciplinas: así, no hay una Real Academia, como en Francia y España, que reglamente la lengua y las letras, aunque sí una Royal Society para las ciencias; por otro lado, todos los poetas importantes se han educado rigurosamente en latín, y aun a veces con un poco de griego,

lo cual, como señalaba W. H. Auden, si en un sentido les
dio un gran entrenamiento formal, sobre todo rítmico,
en otro sentido menguó su sensibilidad en cuanto a la
exactitud de las palabras en su uso vivo, a pesar de los
intentos de realismo del propio Wordsworth, y mantuvo
su estilo en un *decorum*, diríamos de clase media, sin
demasiada oratoria, pero también sin coloquialismos que
no fueran admitidos en un salón con señoras.

Ya en el siglo XVIII hay un realismo poético en tono
menor, en Crabbe, en la casi ignorada poesía costumbrista de Swift y, con humorismo satírico, en El robo del rizo
de Pope —base del lenguaje de Byron en su Don Juan—.
Pero aquí no cabe extenderse en las paradojas de la conexión entre la poesía de la edad augusta y la romántica:
insinuemos sólo, por ejemplo, que Wordsworth, aun conservador y respetable, reprochaba a Dryden y Pope su
escasez de realismo, mientras que el escandaloso satánico
Byron partía, como decimos, de Pope, el «ilustrado».

En cuanto al mundo de las ideas, y su forma de vivir,
el romanticismo mantendrá básicamente la mentalidad
dieciochesca, aunque surjan novedades intelectuales de
gran porvenir: así, un nuevo sentido de la historia del
planeta, con el geólogo Lyell; la electricidad, que dará
vida al monstruo de Frankenstein; el vapor... Ese estilo
mental implicaba que incluso un filósofo no dejara de
ser, como decía Addison, «un caballero», «un gentleman»,
esto es, alguien que conversa amablemente, en una atmósfera de convivencia cortés, sin meterse en elucubraciones
demasiado abstractas, sino yendo siempre al grano de la
vida moral y práctica. La palabra «metafísica» tenía un
sentido de extravagancia —y así la había empleado el doctor Johnson contra los poetas barrocos—: la filosofía británica era antimetafísica —y así ha solido serlo en el siglo XX—, defendiendo el sentido común y considerando
que discutir sobre ideas puras era perder el tiempo —y
time is money, el gran imperativo económico de la mente
inglesa—. Entonces, en la prosa de la época romántica se
mantiene básicamente ese sentido amable —el adjetivo
«superficial» era casi elogioso— en que se procura buscar
los terrenos de consenso. El pensamiento social tiene un

ejemplo de valor práctico en Bentham, con su utilitarismo felicitario: los economistas, con la excepción del lúgubre Malthus, siguen adelante con la idea de la autorregulación del mercado como base de confianza para el progreso: un progreso que se concreta sobre todo en la minería y en la industria. Aparecen las máquinas textiles y se promulga una ley que castiga su destrucción con la pena de muerte —ley contra la que sólo protestó Byron, aprovechando su condición nativa de miembro de la Cámara de los lores—. Para encontrar una prosa de ideas que responda a lo que esperaríamos de la etiqueta de «romántica», hay que esperar al agitado Carlyle, ya maestro de otra época.

En cuanto a la propia poesía, hay, como decíamos, una larga y fluida evolución que cabe clasificar como prerromanticismo, a partir de Las estaciones (The seasons) *de Thomson (1730), y en que destaca pronto Thomas Gray, cuya elegía en un cementerio campestre fue traducida por Unamuno. Pero entre 1760 y 1780 emerge y crece en gloria un falso clásico que contribuye decisivamente a la evolución de la sensibilidad hacia lo romántico: el bardo Ossian, cuya obra presentó Macpherson como descubierta y modernizada por él, y que se suponía haber vivido nada menos que en el siglo III en Escocia. (Como es sabido, la superchería tardó bastante en descubrirse: Goethe tradujo trozos de su obra incluyéndolos en su* Werther, *1774.) También Robert Burns, escribiendo en dialecto escocés, aportó una ráfaga de frescura expresiva —véase el soneto de Keats en su memoria, incluido en esta antología—. Pero, aparte de otros nombres interesantes en esta época, como el del poeta loco Christopher Smart, el gozne en que gira la apertura al nuevo período lírico inglés es William Blake (1757-1827), a la vez visionario apocalíptico y primer poeta que esbozó alguna imagen del nuevo mundo del trabajo industrial y su esclavitud; de hecho, la historiografía literaria inglesa tiende a incluirle ya en la estación romántica —From Blake to Byron, se titula el volumen 5 de la* New Pelican Guide to English Literature—. *Pero seguramente resultaría disonante situarle junto a los cinco grandes que forman esta antología, y a los que conviene empezar por colocar en la cronología, con un primer retrato en grupo antes de hablar por separado de cada uno de ellos.*

Si hay al fin del siglo XVIII una fecha clave para toda Europa es la de la Revolución francesa: 1789. De nuestros cinco poetas, Wordsworth tiene entonces diecisiete años; Coleridge, quince; Byron, uno; y los otros dos, Shelley y Keats, no habían nacido. Los dos primeros, para seguir con la Revolución francesa como referencia, después de entusiasmarse con la liberté *—Wordsworth visitó París tras la gran proclamación—, pasarían a renegar de ella; más adelante, en cambio, los «satánicos» Byron y Shelley la tomarían, retrospectivamente, como mito inspirador; Keats no aludiría a ella en sus vagos anhelos de hacer alguna vez algo por la humanidad, después que triunfara como poeta. Y sin embargo, como señalaremos luego, Wordsworth quiso ser el gran «democratizador» del lenguaje poético, una muestra de las ambigüedades y paradojas típicas de todo el romanticismo europeo en sus aspectos sociales y políticos.*

Otra consideración cronológica, también con algo de paradoja: los poetas «de los lagos», esto es, los fraternales Wordsworth y Coleridge, nacidos respectivamente en 1770 y 1772, sobrevivirán ampliamente, muriendo a los 80 y a los 62 años, a los otros tres, esto es, a los «satánicos» Byron y Shelley, nacidos en 1788 y 1792, y al «poeta-poeta» Keats, nacido en 1795: estos tres mueren románticamente jóvenes en un breve intervalo —Keats en 1821, Shelley en 1822, Byron en 1824—. Y mueren románticamente, no sólo por jóvenes, sino por su modo de «muerte propia», para usar el término de Rilke: Keats, de tuberculosis, en Roma, junto a la escalinata de la Piazza di Spagna; Shelley, aún obsesionado por una imaginaria tuberculosis, en naufragio en tormenta frente a la costa italiana; Byron, en Grecia, de peste, combatiendo contra los turcos por la independencia de ese mítico y mitológico país. También sus vidas y caracteres se pueden unir en esa misma estructura de dos-dos-uno: Wordsworth y Coleridge, respetables y magistrales; Byron y Shelley, escandalosos y autoexiliados; Keats, sin vida ape-

nas. Pero de cada uno de ellos habrá que dar un perfil algo más informativo por separado, dentro del cual, sin embargo, lo que más importará, en esta antología, no será la anécdota biográfica sino sus respectivas situaciones dentro del nuevo lenguaje poético —relativamente nuevo, sin que quepa hablar de «revolución», término por lo demás ya proscrito en aquel país—. Cierto que, en traducción, con lo que ésta implica de lejanía —según trataremos de explicar en su momento—, no es fácil ver bien en qué consistió la nueva situación expresiva: los «laguistas» aportan una voluntad de realismo —muy moderado y bien educado— sin apearse por ello de la exaltación cordial: de los «satánicos», Shelley lleva al paroxismo el tono patético, mientras que Byron es capaz de tonos muy directos, irónicos o trágicos; en cuanto a Keats, será el arquetipo de la pura gracia lírica en sus momentos imperecederos, en medio de un contexto convencional.

Una observación general: ¿cómo se presentaba entonces la poesía al público lector; cuál era su vida editorial? Nuestra óptica se ajusta difícilmente a la realidad de entonces. Las antologías de hoy suelen seleccionar los poemas más bellos, tendiendo a preferir su mayor brevedad. Pero, de hecho, aparte de algunas colecciones de poemas en libro, en aquellos tiempos, al menos hasta la década de 1830, había un mercado muy floreciente para el poema largo, mejor si narrativo, pero a veces supuestamente dramático, aunque no se pudiera representar. (En España, los paralelos serían, por ejemplo, El moro expósito, del duque de Rivas, o El estudiante de Salamanca, de Espronceda, o el abandonado proyecto de este mismo poeta, El diablo mundo.) Nos sorprende enterarnos de que Childe Harold de Byron, en su primera «entrega», no sólo hizo famoso a su autor sino que salvó su dificultosa economía: más adelante, por un nuevo canto de Don Juan, Byron lograría de su editor tres mil libras, igualando al poeta mejor vendido de entonces, Moore. Éste —junto con Robert Southey y otros— pasaría de best-seller a olvidado; algún otro se dedicó a la prosa cuando se hundió ese mercado poético, haciéndose así recordar hasta hoy —Walter Scott—; en el caso de los cinco grandes aquí antologizados, a veces sus poemas narrativos se han apolillado —el Endymion de Keats nació muerto, salvo en *las introducciones a los cantos, como «poesía sobre la poesía»—, pero en otros casos siguen siendo de lo mejor suyo —en Byron, el* Don Juan, *aunque nos resulte intraducible, y el* Caín, *que nos parece su obra maestra, aunque los historiadores ingleses de la literatura apenas lo nombren o lo silencien—. En el caso de Wordsworth, él transformaría ese sentido narrativo, con argumento de personajes caracterizados, en un intento de hacer la narración de sí mismo en un larguísimo poema, a modo de vasta carta a su fraterno Coleridge, que quedaría muy incompleto, en parte para publicación póstuma. Todo esto implica que el poeta romántico inglés, virtuoso de la técnica, contaba con un público muy bien entrenado en la lectura del verso, capaz de seguirlo, en sonido y sentido, con el mismo gusto que una novela —en términos de hoy, un serial televisivo, pero con mucha mayor sensibilidad auditiva—. Cierto que, como ya se indicó, a partir de la década de 1830, el poema narrativo se repliega a ser más minoritario, dejando el campo libre al boom de la novela, pero los lectores no pierden los hábitos formales para la lectura del verso. Con todo, si en esta antología se da a esos poemas largos, dramáticos o de leyenda, un papel quizá desacostumbrado en traducciones, no es sólo por sugerir arqueológicamente una situación pretérita del mercado literario inglés, sino sobre todo por dar lo que nos parece más vivo de esos poetas.*

La fecha clave: 1798. Ese año aparece un libro anónimo titulado Lyrical Ballads, with a few other poems, *Baladas líricas, con otros pocos poemas, con un amplio prólogo sobre el «arte poética» de esas composiciones, esto es, sobre su lenguaje y sentido. (Ese prólogo se revisaría en otras ediciones hasta 1802.) Uno de los aspectos más insólitos del libro es que declaraba ser producto de una división del trabajo, o reparto de papeles, entre dos poetas, que resultarían ser Coleridge —autor de las cuatro primeras composiciones— y Wordsworth —autor de las demás poesías y redactor del prólogo, aunque de éste diría Coleridge que era medio hijo de sus ideas.*

Había algo que hoy puede parecernos más bien propio del siglo XX: se afirmaba que la mayor parte de las poe-

sías allí contenidas tenían un carácter experimental, con
una dimensión social un tanto revolucionaria: el probar
«hasta qué punto el lenguaje de la conversación en las
clases medias y bajas de la sociedad sirve para los propósitos del placer poético». Ese experimento estaba organizado en dos líneas, asumidas por los dos autores; el
plan lo explicaría Coleridge en 1817, en su Biographia
literaria: «Se acordó que mis esfuerzos debían referirse
a personas y personajes sobrenaturales, o, por lo menos,
románticos; pero de modo que se les transfiriera desde
nuestra naturaleza interior un interés humano y una apariencia de verdad capaces de proporcionar a tales sombras de la imaginación esa voluntaria suspensión momentánea de la incredulidad que constituye la fe poética.» Por
su parte, Wordsworth se encargaba de un trabajo más
realista, de acuerdo con el ya indicado propósito lingüístico: encontrar novedad a lo cotidiano, en determinados
momentos —spots of time— casi anecdóticos, haciendo
ver lo maravilloso que hay en lo vulgar.

William Wordsworth («Axiólogos», traduciría Coleridge
su apellido al griego, dentro de ciertas bromas en verso)
—1770-1850—, había emprendido en su juventud el grand
tour por los Alpes suizos, las montañas que forman el
trasfondo de la mente romántica europea, no sólo para
los germánicos, sino también para los ingleses, que inventan entonces el alpinismo y entonan grandes odas románticas al Mont Blanc —véase más de un ejemplo en
esta antología—. Los suaves montes y los pequeños lagos
de estos «laguistas» ingleses —Wordsworth, Coleridge—
valdrán como versión domesticada de la sublimidad de
las grandes cordilleras de los Alpes. Regresando a Londres, Wordsworth encontró a los parisinos en las fiestas
de su primer Quatorze Juillet, esto es, en el primer aniversario de la toma de la Bastilla. Más adelante volvería
otra vez a Francia, todavía partidario de la Revolución,
y allí dejaría una amante y una hija. Pero en el año del
Terror, 1793, ya no hay fervor revolucionario en su primera colección lírica, Esbozos descriptivos (Descriptive
sketches), donde cuenta en verso su gran viaje; de la Revolución, pero no de sus propios amores y consecuencias,
hablaría vagamente en El preludio. Vuelto a la patria, y
obtenida la fecunda amistad de Coleridge, fue con su her-

*mana y ayudante, Dorothy, a establecerse en esa región
de lagos que sería etiqueta común de estos dos poetas y,
algún tiempo, de Robert Southey. Mientras tanto, empieza* El preludio, *arranque de ese* opus magnum *que nunca
acabará, y, con su hermana y su amigo, emprende un
viaje por Alemania, donde Coleridge se contagia del virus
filosófico idealista. Regresados, aparece en 1798, según se
dijo, el volumen de* Baladas líricas. *En 1802, Wordsworth
se casa con la Mary a menudo nombrada en sus versos;
en ese año, en la tercera edición de las* Baladas, *da la
versión definitiva de su prólogo teórico a su lírica: en
cierto modo, también profecía de las posteriores épocas
en que los poetas serán tan peligrosamente conscientes
de los problemas de su propia creación; tan dados a la
«poesía de la poesía», en términos heideggerianos, y aun
a ser una suerte de profesores de poética antes que vates
inspirados. En cuanto a la temática, no hay aquí especial
originalidad: su centro es el lugar común del romanticismo, el alma del hombre —sobre todo, el yo del poeta—
enmarcado en la naturaleza, con reflejo mutuo entre
alma y mundo; el paisaje, así, es la imagen reveladora
de la vida moral y la trascendencia religiosa. Lo nuevo,
y lo que más espacio ocupa en el prólogo en cuestión, es
la «poética»: el proceso y el lenguaje de la poesía. El material, obviamente, está aportado por el «rebose espontáneo de poderosos sentimientos»; pero esa materia prima
sólo llega a ser poética gracias a un proceso posterior,
más consciente que inspirado: lo propio de la lírica es
«la emoción recordada en tranquilidad». Esto implica un
desdoblamiento: la emoción, ya pasada, es contemplada
en la memoria, desde una situación de tranquilidad, hasta que, a fuerza de recordarla, desaparece esa tranquilidad y surge otra emoción, que contiene la primera emoción, pero no se identifica con ella, porque está distanciada y, sobre todo, porque incluye la nueva emoción de
tomar conciencia del tiempo transcurrido, de la fugacidad del tiempo, y del admirable mecanismo del alma y la
memoria. De esa manera, la poesía es verdad intelectual,
en análisis psicológico, tanto como verdad moral; es «el
aliento y el más sutil espíritu de todo conocimiento», y
asume valor universal, un tanto kantianamente, en cuanto propia de toda mente posible; es «un homenaje tribu-*

tado a la dignidad, desnuda y nativa, del hombre». La poesía, así, no inventa nada nuevo: lo que hace es lograr que «las verdades más admitidas» sean rescatadas «de la impotencia causada por el mismo hecho de su aceptación universal».

Esta pretensión de universalidad es, más aún que un instinto político y social, lo que lleva a Wordsworth a su ya aludida pretensión de democratizar el lenguaje lírico, de evitar la tradicional «dicción poética», con su énfasis levantado y su retórica artificiosa. El experimento de este poeta, como decíamos, quiere probar en qué medida es posible, mediante la forma poética —sobre todo el «arreglo métrico», aplicado a una selección decorosa del lenguaje común en situaciones de intensidad emocional—, obtener ese placer sin el cual no vale la poesía; ciertamente, «placer» en un alto sentido, moral, intelectual y trascendente. Con eso, ya no hay tanta distancia como establecía la antigua tradición clásica entre poesía y prosa: aquí se reconoce que algunas de las partes más interesantes de estos poemas no ofrecen sino «el lenguaje de la prosa cuando la prosa está bien escrita».

La obra de Wordsworth incluye desde breves apuntes líricos —como los dedicados a cierta misteriosa Lucy, al parecer muerta tempranamente— hasta ese torso incompleto de «poema total» o «poema absoluto» que se había de titular El recluso, del que sólo publicó en 1814 la segunda parte, titulada La excursión, dejando inédita la primera —El preludio, dirigido a Coleridge—, y sin escribir la tercera. En el prólogo a La excursión decía el poeta que su intento era «componer un poema filosófico, conteniendo visiones del Hombre, de la Naturaleza y de la Sociedad, que se titulará El recluso, por tener como tema principal las sensaciones y opiniones de un poeta que vive en retiro».

Creemos que las muestras aquí antologizadas harían superfluos más comentarios críticos: a pesar de la prolijidad, aquí, no menos que en los poemas de más limitada envergadura, la meditación llega a ser gran poesía.

A Coleridge ya le hemos visto de perfil al hablar de Wordsworth, su gran amigo —no sin unos años de discordia—: *mirémosle ahora un poco de frente. Samuel Taylor Coleridge (1772-1834) iría quedando, con el tiempo, como un pensador sobre la poesía, más que como un poeta, mientras que a su amigo Wordsworth parecía que la teoría le sirviera de inspiración para escribir más y más versos. Ya hemos hablado de su participación en las* Baladas líricas *—donde se incluía, especialmente,* La rima del anciano marinero, *que figura en esta colección, y que hoy no cabe dejar de ver como precedente de ciertas obras narrativas como el* Viaje de Arthur Gordon Pym, de Edgar Poe, *y* Moby Dick, de Melville—. *Pero antes de esa colaboración hubo algo que marcó su vida: el proyecto de una sociedad utópica, la Pantisocracia, que quiso organizar en Norteamérica, acompañado por el poeta Robert Southey y algunas jóvenes, con una de las cuales contrajo un desafortunado matrimonio. De hecho, la colaboración con Wordsworth quizá fue asumida por Coleridge como consuelo por aquel fracaso social; sin embargo, a él le pareció que Wordsworth no le apreciaba bastante, a pesar de que, por ejemplo, su poema* Escarcha a medianoche, *aquí incluido, de hecho, influyó mucho en aquél.*

A la larga, Coleridge se separó de Wordsworth y de su mujer, y se fue a Alemania a estudiar filosofía; al volver, su mala salud le llevó a (o fue pretexto para) consumir la droga del tiempo, el láudano, opio líquido. Según él, el poema El Khan Kubla *—aquí incluido— fue compuesto en sueños bajo el efecto de esa droga: al volver a la realidad se sentó a escribirlo, pero una trivial interrupción le hizo olvidar la continuación. Alojado en casa de un médico, reanudó sus trabajos, pero desde 1807 dejó la poesía, dedicándose en cambio a publicar una revista y a componer su* Biographia literaria *(1817), que no es una memoria personal, sino el repaso del desarrollo de sus ideas sobre la poesía. Incluso en forma de diario íntimo —en* Anima poetae—, *Coleridge no hace sino un cuaderno de trabajo, en lugar de una introspección, como parecería indicar tal título. Entre sus teorías, destaca su análisis de la mente poética, distinguiendo la «imaginación» de la «fantasía»: ésta es una libre dinamicidad de la memoria, que baraja imágenes pasadas a su albedrío, mientras que aquélla es la propia capacidad de percepción de la* *realidad, en dos niveles; la primaria, como el acto de sentir el mundo, casi como eco del acto creativo divino, y la imaginación secundaria, como reelaboración de esa percepción, idealizándola y unificándola, esto es, haciéndola arte. Y, en contra de lo que cabía esperar, dado su papel en las* Baladas líricas, *Coleridge proclama la primacía de la «imaginación» sobre la «fantasía». También, entre sus reflexiones teóricas, ha adquirido vigencia indiscutida su afirmación de la intraducibilidad de la poesía —la lingüística moderna llevará a extender ese carácter a toda literatura—. Pero, después de sus años de poeta, Coleridge no se pudo consolar con su brillantez intelectual; con el hecho, por ejemplo, de ser quien más contribuyó a la gloria crítica de Shakespeare. Como dijo de él T. S. Eliot, «ya era un hombre echado a perder. A veces, sin embargo, ser un hombre echado a perder es por sí mismo una vocación».*

En cuanto a los otros tres poetas de esta antología, ya indicábamos que su orden de aparición en escena es inverso a su desaparición, muriendo todos ellos más o menos jóvenes —Byron, a sus 36 años, Shelley a los 30, Keats, a los 25—; aquí, siguiendo la costumbre dominante, los dejaremos en el orden de los nacimientos, aunque Shelley escribiera una gran oda —Adonais— a la muerte de Keats, que también fue comentada en verso por Byron.

George Gordon, lord Byron (1788-1824), fue, de todos estos poetas, el único con fama universal en su época, incluso entre quienes no podían leerle por no saber inglés. Pushkin es byroniano en su Evgeni Onegin; *Espronceda aspiró vagamente a serlo. Su figura, con su belleza, su cojera, su cuello de camisa bajo, sus escándalos amorosos, su exilio y su muerte en guerra, crearon una imagen arquetípica de poeta romántico. No hay más remedio que trazar un esbozo biográfico: huérfano de padre desde muy niño, con una madre neurótica y una perturbadora institutriz, a los diez años, por herencia, quedó destinado a ser miembro de la Cámara de los lores. Estudió en un* college *de Cambridge, tomando parte en la homosexualidad normal en las* public schools, *que no abandonaría a través de sus numerosos asuntos con mujeres. Allí tam-*

bién se hizo un gran deportista, compensando así el tener
un pie medio inválido; luego, en Grecia, atravesaría a nado
—con regreso y todo— el Bósforo —el Helesponto, digámoslo en términos clásicos, porque Byron estaba conmemorando la hazaña de Leandro en sus visitas amorosas a Hero—. Su primer volumen de versos, Horas de
ocio (Hours of idleness, 1807), fue mal recibido; entonces
Byron contraatacó con una larga sátira mejor que ese
libro. De regreso de un gran viaje mediterráneo, publicó
en 1812 los dos primeros «cantos» de su Childe Harold,
que, como decíamos antes, le hicieron de repente famoso
y rico.

De sus asuntos amorosos, el más escandaloso fue la
relación incestuosa con su hermanastra Augusta Leigh,
«Ada» —en el trozo que aquí se incluye de su Caín: un
misterio, la «Adah», hermana y mujer de Caín, le sirve
para una apología de esa relación—; pero también fueron
traumáticas sus relaciones con lady Oxford y lady Caroline Lamb, que, por reacción, le llevaron a casarse con
una virtuosa señorita dada a las matemáticas, de la que
no tardaría en separarse. Mientras, en la Cámara de los
lores, no sólo, como indicábamos más arriba, defendía de
la pena de muerte a los trabajadores textiles que destruían las máquinas culpables de su desempleo, sino que
—quizá aún más escandalosa— ese gran ateo defendió a los católicos ingleses de su inferioridad legal.

Tras el divorcio, entre una nube de escándalos, Byron
abandonó definitivamente Inglaterra en 1816, residiendo
en Italia hasta 1823 —entonces pasó a Grecia, en cuya
lucha por la independencia moriría un año después—. La
época italiana de Byron dio lugar a su amistad con Shelley, cuya influencia era ya visible en el Canto III de Childe Harold; mientras, se hicieron más célebres y agitados
sus asuntos amorosos, sobre todo en una temporada en
Venecia, que quedó como el escenario más característico
en ese «caminar del libertino» —para aplicar el clásico
título inglés—. Poéticamente, allí en Italia acabó Manfred,
compuso el Canto IV de Childe Harold, y, entre otras cosas, a través del hallazgo de un nuevo acento expresivo en
Beppo, pudo crear lo que los ingleses consideran su máximo logro: Don Juan, imposible, sin embargo, de trasladar a otras lenguas y tradiciones literarias. (Ya hemos

aludido antes a su filiación respecto a El robo del rizo, *de Pope.) De cómo* Don Juan *ha sido un estímulo estilístico para los poetas conversacionales del siglo XX da testimonio la* Letter to Lord Byron *de W. H. Auden, en homenaje de imitación. Es curioso, en cambio, que hoy se recuerde tan escasamente el* Caín: *un misterio, que aquí representamos con una amplitud de la que no creemos que proteste ningún lector. Ya había tenido este poema un gran apreciador en Unamuno, quien, además de tomar alguno de sus aspectos como punto de partida para su novela* Abel Sánchez, *citó algunos de sus momentos más importantes —así, el momento en que Adah pide al demonio que les deje en paz, «y lloraré por ti»—. Se comprende, sin embargo, que los críticos e historiadores literarios ingleses se sientan incómodos ante esta obra que justifica el nombre de «satánicos» dado a Byron y a Shelley; en este caso, no en mera alharaca de blasfemia, sino haciendo hablar a Lucifer «como un* clergyman» *—según dijo el propio Byron—, en verdadera abogacía del diablo, con una auténtica teología demoníaca sobre la creación del hombre, su caída y el bien y el mal —una suerte de «auto sacramental» al revés—; y ello para terminar en desastre y muerte, no en triunfo de ninguna tesis. Pero, por lo visto, a la crítica de la cultura cristiana occidental, sobre todo en lengua inglesa, no le gusta habérselas con las cuestiones básicas con que se encara la fe: por ejemplo, L. Trilling y H. Bloom, en 1973, en* The Oxford Anthology of English Literature, *calificaban el* Caín *como* an effective, apocalyptic drama, *sin darse cuenta de lo cómico que resulta aludir al* Apocalipsis, *último libro de la Biblia, para caracterizar esta glosa del relato de los primeros capítulos del* Génesis.

Menos alcance tiene el Manfred, *sin duda algo influido por el* Fausto I *de Goethe, en un ambiente que hace pensar en la «novela gótica» entonces de moda en Inglaterra. Pero éstos son sólo dos entre los numerosos poemas largos de Byron, exaltadores de la libertad, a veces con tema oriental o medieval; a veces, con tema histórico no tan remoto, como* El corsario, El prisionero de Chillon, Mazeppa *—éste con el famoso jinete ruso atado, por castigo, a su caballo, que termina llevándole a nueva libertad.*

El final de Byron fue la culminación expresiva de su

«genio y figura», personificación de ese sentir romántico que, sin embargo, hay que nombrar en francés como ennui de vivre. Dejando sus orgías italianas y la amistad de Shelley, fue a la guerra de los independentistas griegos contra sus dominadores turcos, y encontró allí una muerte de soldado, por epidemia, todo ello sin que, por supuesto, creyera realmente en nacionalismos ni en reformas sociales.

Por su parte, Percy Bysshe Shelley (1792-1822), aun sin tanta notoriedad como Byron, también mereció la etiqueta de «satánico»; su biografía no es tan compleja como la de éste, pero sí más radical. Rico por su familia, fue expulsado de Oxford por haber participado en la redacción de un folleto sobre La necesidad del ateísmo, se dedicó a agitaciones políticas y antirreligiosas, y se escapó con una joven, luego su esposa, a quien dejaría por la que luego, ya casada con él tras el suicidio de su primera esposa, escribiría Frankenstein. Por supuesto, Shelley, como Byron, abandonó Inglaterra, viviendo al principio en Ginebra y luego en Italia, en cuya costa se ahogó en una tormenta; sus restos reposan en Roma junto a los de Keats.

El prestigio de Shelley ha pasado por muchas alternativas según las épocas y los críticos, pero nos parece que ninguno de los grandes románticos es capaz de mantener tanto tiempo y tan bellamente la intensidad de expresión emotiva, por más que le sobre mucho, en palabras y en envergadura total de sus poemas. Cabe discutir si Shelley es platónico —su Defensa de la poesía, en prosa, de 1821, más bien sería neoplatónica, plotiniana—, pero me permito repetir lo dicho en otro lugar, viendo en él «un panteísmo donde el alma del hombre es el momento decisivo de la realidad, el sueño de una esfera de beatitud». De ahí el papel que asume en su obra el mito de Prometeo —aquí se incluyen amplios trozos de su poema Prometeo desencadenado, con la rebelión contra Júpiter, el dios despótico, enemigo del hombre—. Y también nos ha parecido esencial traducir aquí su Himno a la belleza intelectual, como profesión de fe, si bien en términos tan vagos como exaltados, de ese sentir trascendente. No creemos que necesiten comentario ni justificación los poemas de Shelley aquí incluidos —a la cabeza de ellos, el grandioso Mont Blanc—; como homenaje fúnebre a Keats habría sido conveniente incluir su Adonais, pero resultaba demasiado largo.

De estos cinco poetas, el que tuvo menor notoriedad pública en su breve vida y en los años inmediatos, fue John Keats (1795-1821), y, sin embargo, él fue quien pronto adquirió un prestigio más sólido entre la cofradía de los poetas, hasta nuestros días. «Poeta-poeta», anticipábamos como calificación para él; «poeta por antonomasia», dijimos en otro lugar. Eso encaja bien con su breve vida: estudiante de «cirujano», algo menos que médico, esa dedicación se vio estorbada, primero por su vocación poética, y luego por la tuberculosis que iba aniquilando a su familia. Intensamente enamorado, pronto comprendió que su enfermedad se interponía ante su anhelo; con ese peso, y con el de la mala acogida a su poema largo Endymion, Keats viajó al Mediterráneo, contraproducente terapéutica de la tuberculosis, entonces habitual, y murió en Roma. Le acompañaba el pintor John Severn, también sepultado junto a él en Roma, al pie de la pirámide de Cayo Cestio; en la tumba de Keats se lee sólo: «Aquí yace uno cuyo nombre se escribió en el agua»; en la del pintor: «Aquí yace John Severn, amigo de John Keats.»

Keats es, a nuestro juicio, el mejor artista, si es que no el mejor, sin más, entre los poetas británicos: le asiste la gracia —a veces, casi humorística—, el acierto verbal, incluso ingenioso, con un hábil apretamiento que tiene algo de shakespeariano, además de su ligereza alada. Sus adjetivos son exactos y novedosos, con referencia a insólitos repertorios imaginativos a la vez que con recurso a lo conocido y lo pequeño. Keats juega con su propio virtuosismo expresivo haciendo poesía del poetizar, sólo que sin seriedad ni pretensiones filosóficas, sino con cierta ironía a la vez melancólica y divertida, y sin anécdotas de dolores personales, como corresponde a sus ideas sobre la neutralidad del poeta. Con esto aludimos a que este poeta, a primera vista inocente, es el de más nítida conciencia teórica sobre la poesía, en su tiempo. Pero en lugar de expresarla en prólogos o manifiestos, la deja caer, de pasada, en unos pocos párrafos de cartas a amigos. Allí, en contra de los supuestos básicos del romanticismo —ya en buena medida superados por Wordsworth en su prólogo a las Baladas líricas—, es decir, en contra de la primacía de la egolatría y la sinceridad, dice que lo decisivo en el poeta no es presentar un mensaje personal, filosófico o moral, ni una individualidad interesante y genial, ni una especial habilidad de lenguaje, sino tener «capacidad negativa», o sea, ser capaz de olvidarse de sí mismo y sumergirse en las situaciones y las cosas para hacerlas poemas. Para decir esto, Keats invoca a Shakespeare —el gran elusivo, el desconocido, el neutral, el escondido detrás de sus contradictorios personajes, cada uno de los cuales resulta autor de sus propios versos—. Así el poeta, en definitiva, se borra a sí mismo: el poeta, como escribe Keats a su amigo Woodhouse, es un ser sin identidad: «lo es todo y no es nada; no tiene carácter; disfruta de la luz y de la sombra... Lo que choca al virtuoso filósofo, deleita al camaleónico poeta». Y de ahí la paradoja: «Un poeta es la cosa más impoética que existe, porque no tiene identidad: está continuamente sustituyendo y rellenando algún cuerpo.» Pero estas ideas no están presentadas en serio, sino para quitar importancia a todas sus ideas, y, después que en esa carta se ha dejado llevar a ciertas opiniones entusiásticas sobre su amor a la belleza, se refrena y advierte irónicamente a su amigo: «Pero incluso ahora quizá no esté hablando desde mí mismo, sino desde algún personaje en cuya alma vivo ahora.» Y luego cierra la carta, con humor, diciendo a su amigo que de lo único que se siente seguro es de que sea totalmente suya la frase final en que se despide asegurándole su afecto y deseándole buena suerte.

Tal autoconciencia, que, milagrosamente, no quita gracia a la poesía de Keats, tiene también un aspecto temático: la frecuencia de sus poemas sobre lecturas de poesía —en esta selección, Spenser, el Homero de Chapman...—, no como tema cultural y convencional, sino como experiencia viva, tal como podía ser el recuerdo de la amada o el canto del ruiseñor. (También las artes plásticas se hacen en él experiencia emotiva: el ánfora griega, los mármoles del Partenón que se llevó Elgin...) Pero *este carácter «indirecto» y autorreflexivo no hace sino extender un velo translúcido de gracia y belleza sobre un fondo doloroso y trágico —véanse, así, los sonetos que empiezan «Cuando siento temores...» y «¿Por qué reí esta noche...?»—. En tales puntos comprendemos por qué la posición de Keats no lleva al esteticismo, sino que es plenamente humana, siempre con el sentimiento de un fondo de muerte tras la belleza.*

Algo conviene decir sobre el criterio formal de estas traducciones; más detalladamente de las mías. Cabía dar una versión literal exacta, pero entonces se habría traicionado a la poesía misma, quitándole todo ingrediente formal y sonoro. Por otro lado, al dar alguna forma rítmica, métrica, surgía el inconveniente de la mayor longitud: el típico verso inglés, el iambic pentameter, al pasar de su lengua a la nuestra, no produce las once sílabas del correspondiente endecasílabo, sino unas quince o dieciséis por término medio. Entonces, había que usar el ritmo alejandrino, pero incluso éste dejaba unas rebabas que, en algunos momentos, ha habido que solventar, bien sea eliminando alguna superfluidad de estilo, bien sea añadiendo un medio verso —un hemistiquio—, por más que esto diera lugar a la necesidad de un «encabalgamiento», pasando al verso siguiente, hasta poder cuadrar las cuentas varias líneas más abajo. Y estas libertades obligatorias han debido incluir un sentido métrico, por lo que toca a la cuenta del ritmo en la distribución de las palabras, que aprovecha las elasticidades que en su día enseñó el maestro Rubén Darío. Miserias del trabajo de traducir; pero lo más importante, aquí como siempre, era imitar el tono, el acento expresivo del autor.

En cuanto a las versiones de Leopoldo Panero, publicadas originalmente hace unos cuarenta años en revistas y colecciones ocasionales, no sólo superan a las mías en belleza, sino en libertad, llegando al caso extremo de Mont Blanc, *de Shelley, que en el original es una composición en verso blanco —esto es, endecasílabo sin rima— y en su versión está en cuartetos alejandrinos rimados. En esta antología, se distinguen por llevar al final sus iniciales*

[*L. P.*]; *las demás son del responsable general del volumen.*

José María Valverde

CRONOLOGÍA

1730 James Thomson: Las estaciones (The seasons).
1756 Gray: Odas.
1760 Coronación de Jorge III. Macpherson: Ossian.
1768 Fundación de la Royal Academy of Arts.
1770 Invención del telar mecánico (spinning jenny). Invención de la máquina de vapor, por Watt. Nace Wordsworth.
1772 Nace Coleridge.
1773 Warren Hastings, gobernador de la India.
1775 Comienza la guerra de Independencia de los Estados Unidos de Norteamérica (American Revolution) —hasta 1783.
1776 Adam Smith: La riqueza de las naciones. Gibbon: Decadencia y caída del Imperio romano.
1779 Hume: Diálogos sobre la religión natural.
1786 John Burns: Poesías.
1788 Nace Byron.
1789 Revolución francesa. Blake: Cantos de inocencia. Bentham: Moral y legislación. Burke: Reflexiones sobre la Revolución francesa.
1791 Boswell: Vida del doctor Johnson.
1792 Guerra con Francia. Nace Shelley.
1793 Terror, en la Revolución francesa. Godwin: Justicia política.
1794 Whitney patenta la desmotadora de algodón (cotton gin). Radcliffe: Misterios de Udolpho.
1795 Nace Keats.
1796 Lewis: El monje.
1798 Baladas líricas *(anónimas: de Wordsworth y Coleridge)*. Malthus: Principios sobre la población.
1799 Napoleón, primer Cónsul. Novalis: Europa o la cristiandad. Haydn: La creación.
1803 Jane Austen: Northanger Abbey.

INTRODUCCIÓN　　　　　　　　　XXIX

1804　*Napoleón, emperador. Beethoven:* Sinfonía Heroica.
1805　*Wordsworth comienza* El preludio.
1806　*Hegel:* Fenomenología del espíritu.
1808　*Inglaterra combate con Francia en España y Portugal.*
1812　*Guerra con Estados Unidos. Byron:* Childe Harold.
1814　*Stephenson hace funcionar la locomotora. Walter Scott: comienzo de las novelas* Waverley.
1815　*Concluye el Congreso de Viena. Napoleón derrotado en Waterloo.*
1816　*Owen:* Nueva visión de la sociedad.
1817　*Coleridge:* Biographia literaria. *Ricardo:* Principios de economía política.
1818　*Keats:* Endymion.
1819　*Keats:* Odas. *Byron:* Don Juan.
1820　*Shelley:* Prometeo desencadenado. *Muere Jorge III.*
1821　*J. S. Mill:* Elementos de economía política. *Coronación de Jorge IV. Muere Keats.*
1822　*Muere Shelley.*
1823　*Doctrina norteamericana de Monroe.*
1824　*Muere Byron.*
1825　*Fenimore Cooper:* El último mohicano.
1830　*Lyell:* Principios de geología.
1831　*Faraday inventa la dinamo.*
1832　*Reform Bill: derecho de voto para quienes tengan una renta anual superior a cinco libras.*
1834　*Muere Coleridge.*
1837　*Coronación de la reina Victoria. Carlyle:* La Revolución francesa. *Dickens:* Pickwick.
1850　*Muere Wordsworth.*

BIBLIOGRAFÍA SELECTA

Traducciones

De conjunto de la época

La poesía inglesa. Románticos y victorianos, traducción de Mariano Manent, Barcelona, Ediciones Lauro, 1945.
Lírica inglesa del siglo XIX, edición de Ángel Rupérez, Madrid, Trieste, 1987.

Wordsworth

Wordsworth, traducción de Carmela Eulate, Fernando Maristany, Gabriel de Zéndegui, Barcelona, Cervantes, 1922.
Poemas de Wordsworth (edición bilingüe), traducción de Jaime Siles, Madrid, Editora Nacional, 1976.
Antología bilingüe, traducción de Ramón López Ortega, Universidad de Sevilla, 1978.
Preludio, traducción de Antonio Resines, Madrid, Visor, Alberto Corazón, editor, 1981.
William Wordsworth, introducción y selección de Paul de Reul; traducción de Santiago Rodríguez Cornejo, Madrid, Júcar, 1982.

Coleridge

La oda del viejo marinero, traducción de Eduardo Chamorro, Barcelona, La Gaya Ciencia, 1975.
Coleridge: poemas, pensamiento poético, edición de Edison Simons, Madrid, Editora Nacional, 1975.
Biographia literaria, Barcelona, Labor, 1975.
Balada del viejo marinero y otros poemas, traducción de José M.ª Martín Triana, Madrid, Visor, 1982.
Rima del viejo navegante y otros poemas, traducción de A. Sarabia Santander, Barcelona, Bosch, 1983.

BYRON

De las numerosas traducciones del siglo XIX, seleccionamos algunas a título de curiosidad:

Don Juan. Novela, París, Librería Americana, 1829, 2 vols.
Don Juan. Novela, Gerona, Imprenta de A. Oliva, 1836.
Don Juan o el hijo de Doña Inés. Poema, Madrid, Unión Comercial, 1843-1844, 3 vols.
Don Juan, traducción de F. Villalba, Madrid, Imprenta de Fortanet, 1876, 2 vols.
Don Juan. Lamentaciones del Tasso, versión de Juan Alonso del Real, Barcelona, Admón. Nueva de San Francisco (Salvatella), 1883. Ilustrado por Escaler.
El corsario, trad. en verso castellano por V. W. Querol y Teodoro Llorente, Valencia, «La Opinión», Imprenta de José Doménech, 1863.
La peregrinación de Childe-Harold, trad. de Antonio Ledesma, Almería, Tipografía de la Provincia, 1884.
Mazeppa. Poema, traducido al castellano por A. M., Barcelona, Imprenta de J. Mayol, 1841.
El sitio de Ismail, París, Librería Americana, 1829 (2.ª edición, 1830).
Idem, París (s.e.), 1830.
La esposa de Abydos. Novela turca, París, Librería Americana, 1828.
El Giaur o El infiel, París, Librería Americana, 1828.
El infiel, traducción de P. Espinosa en verso.
Manfredo. Poema dramático, traducido en verso directamente del inglés al castellano por don José Alcalá Galiano y Fernández de las Peñas, Madrid, Impresora de A. Vicente, 1861.
Los dos Foscaris. Drama histórico, traducción de don Manuel Cañete, Madrid, Vic, Lalama, 1846.
Sardanápalo. Tragedia, Madrid, Imprenta de Santiago Rojo, 1847.
Caín. Misterios del Antiguo Testamento, traducción de I. G. M., Madrid, Imprenta de Serafín Landáburu, 1873.
Poemas dramáticos: Caín, Sardanápalo, Manfredo, traducción en verso castellano por don José Alcalá Galia-

no; carta prólogo de M. Menéndez y Pelayo, Madrid, Colección de Escritores Castellanos (Imprenta de A. Pérez Dubrull), 1885.

De las traducciones más recientes:

Obras completas, Madrid, Espasa-Calpe, 1930-1931: I: *Peregrinaciones de Childe-Harold;* II: *El corsario, Lara, El sitio de Corinto, Mazeppa, Parisina, Beppo;* III, IV: *Don Juan;* V: *Tragedias, Sardanápalo, Los dos Foscaris, La profecía del Dante.*
Poemas líricos, selección, versión y prólogo de María Alfaro (Colección Adonais, núm. 18), Madrid, 1945.
Don Juan, traducción de Antonio Espina, Mediterráneo, 1966.
Antología poética de Byron, Vosgos, 1968.
El corsario, Lara; traducción de Mauro Armiño, Barcelona, Ramón Sopena, 1974.
Don Juan, El corsario, Lara, Mazeppa, El sitio de Corinto, José Pérez del Hoyo, 1975.
Lara, Mazeppa y El corsario, traducción de Lydia Gordo.
El corsario, Lara, El sitio de Corinto, Mazeppa, Espasa-Calpe, colección Austral, 1984.
Byron: Antología, traducción José M.ª Martín Triana Visor (Visor de poesía), 1985.

SHELLEY

Poesías, traducción de Elisabeth Mulder, Barcelona, Yunque (Poesía en mano, 8), 1940.
Lírica de Shelley, selección de Carlos Obligado, Buenos Aires, Espasa-Calpe, 1942.
Las mejores poesías líricas de los mejores poetas (III), Barcelona, Ed. Cervantes, S. A.
Adonais. Elegía a la muerte de John Keats, traducción de Manuel Altolaguirre, Madrid, Ediciones Héroe, 1936.
Adonais. Traducción de Vicente Gaos, Madrid, Adonais, n.º 38, 1948.
Adonais y otros poemas, traducción del inglés de Lorenzo Peraile, Madrid, Editora Nacional (Biblio. Literatura y pensamiento), 1978.

Defensa de la poesía, traducción de Carlos Sahagún, Barcelona, J. Batlló, 1974.

KEATS

Poesías, selección, versión y prólogo de Clemencia Miró, Madrid, Ed. Hispánica (Colección Adonais, n.º 28), 1946.
Endimion, introducción, cronología, traducción inédita y notas de Pl. Ugalde Ramos, N., Barcelona, Bosch (Colección Erasmo), texto bilingüe, 1977.
Obra completa en poesía..., traducción de Arturo Sánchez, 2 vols., Barcelona, Ediciones 29 (Colección Libros Río Nuevo), texto bilingüe, 1975.
Trece sonetos, traducción de M.ª Jesús Velo García, Barcelona, Quintilla y Cardona, S. L., 1976.
Cartas, traducción de Mario Lucarda, Barcelona, Icaria Editorial (Colección Icaria Literaria), 1982.
Sonetos, odas y otros poemas, traducción de José Martín Triana, Barcelona, Visor (Visor de Poesía), 1982.

Algunos estudios en español o traducidos

Pujals, Esteban, *Espronceda y Lord Byron*, Madrid, CSIC, 1972.
Wilson, Edmund, *Crónica literaria* [capítulo sobre Byron], Barcelona, Barral Editores, 1971.
Bloom, Harold, *Los poetas visionarios del romanticismo inglés (Blake, Byron, Shelley, Keats)*, Barcelona, Barral Editores, 1974.
Argullol, Rafael, *El Héroe y el Único* [sobre Keats, Hölderlin y Leopardi], Madrid, Taurus, 1984.
Valverde, José María (en M. de Riquer y J. M. Valverde, *Historia de la literatura universal*, vol. 7, *Romanticismo y realismo* [capítulo sobre el romanticismo inglés]), Barcelona, Planeta, 1985.

WORDSWORTH

LUCY

Entre apartadas sendas habitaba,
junto al nacer del Dove, una doncella
de ninguno alabada, y a quien pocos
amaban; tal violeta

que una piedra con musgo medio esconde;
¡única a la mirada cual la estrella
si una sola relumbra en todo el cielo,
y hermosa como ella!

Ignorada vivía; casi nadie
supo de Lucy el fin de la existencia;
pero ahora está en su tumba, y, ¡ay!, mi pecho
sabe la diferencia.
. . . .

Selló un sueño mi espíritu; no tuve
temor humano; ¡cual si cosa fuera
que el toque de los años terrenales
nunca sentir pudiera!

Ni fuerza tiene ya, ni movimiento;
ni oye, ni mira ya: despacio rueda,
en cotidiana rotación terrestre,
con árbol, roca y piedras.

[L. P.]

AL CUCO

¡Ledo huésped reciente! Tu eco escucho
de nuevo, y me alborozo.
¡Oh cuco! ¿He de llamarte también pájaro,
o errante voz tan sólo?

Mientras tendido estoy sobre la hierba,
tu doble grito oigo,
de colina en colina resbalando,
cerca a un tiempo y remoto.

Aunque es tu charla nada más al valle,
y a las flores y al sol,
a mí me trae una leyenda de horas
en mágica visión.

¡Tres veces bien venido, vernal príncipe!
¡Mas, para mí, tú no
eres ave: invisible cosa eres,
un misterio, una voz!

... La misma que en mis días escolares
escuchaba; ¡aquel grito
que me hizo aquí y allá tornar los ojos
por fronda, cielo, espino!

Vagué a menudo, atravesé en tu busca
bosques y praderíos;
mas tú eras siempre una esperanza, un sueño
deseado, nunca visto...

Y aún escucharte puedo, y acostarme
sobre el llano, y oír,
oírte hasta crear de nuevo aquella
dorada edad en mí.

¡Oh ave santa! ¡La tierra que pisamos
nuevamente es así
obra de un hada, inmaterial paraje,
hogar propio de ti!

[L. P.]

LOS DAFODELOS

Erraba en soledad por valle y cumbre,
como flota la nube por los cielos,
cuando vi de repente en muchedumbre
un tropel de dorados dafodelos,
bajo la fronda, junto al agua lisa
del lago azul, bailando entre la brisa.

Continuos cual los astros que en la vía
láctea titilan y arden hondamente,
su indefinida línea se extendía
por la margen de un abra transparente;
mi mirada diez mil de un golpe alcanza,
cabeceando en jubilosa danza.

Cerca el lago danzaba; mas al gozo
del agua el de las flores excedía.
¿Cómo no recibir con alborozo
un poeta tan jocunda compañía?
Miré y miré; mas sin tener conciencia
del gozo atesorado en su presencia.

Pues a menudo, si en mi lecho pierdo
el tiempo en ocio y vida imaginaria,
en íntima visión se abre al recuerdo
la beatitud del alma solitaria,
y de júbilo llenan y de vuelos
de danza, al corazón, los dafodelos.

[L. P.]

Mi corazón da un brinco cuando observo
el iris en el cielo:
así fue, igual, al empezar mi vida,
así es ahora cuando soy un hombre,
así será cuando me vuelva un viejo,
¡o dejadme morir!
El Niño es padre del Hombre: ojalá
mis días estuvieran vinculados
por natural piedad unos con otros.

[SONETO]

No perturba a las monjas la estrechez del convento;
contentos con sus celdas están los ermitaños,
y con su pensativo castillo el estudiante;
la muchacha en su rueca, en su telar quien teje,

están en paz sentados; las abejas que suben
buscando el polen hasta la cumbre en Furnes-fells,
murmuran horas y horas dentro de las campánulas;
la cárcel que nosotros mismos nos imponemos

no es cárcel: así, en muchos humores diferentes,
me ha sido un pasatiempo quedar encadenado
en la escasa parcela de tierra del soneto;

satisfecho si algunos (pues los tiene que haber),
para quienes la mucha libertad fue una carga,
encuentran aquí breve solaz, tal como yo.

[Soneto]

Creí ver los peldaños de un trono, que a mis ojos
ocultaba un sudario de nieblas y vapores,
sin dejarme ver quién estaba en él sentado,
pero en suelo y peldaños en torno se veían

las formas más penosas que la carne y los huesos
asumieron jamás: una multitud mísera,
enferma, sana, vieja, joven, gritando al trono:
«¡Muerte, en nosotros reinas; a ti van nuestras quejas!»

Subí esos escalones: las nieblas se me abrieron
suaves y pude ver un rostro femenino
durmiendo a solas dentro de una cueva musgosa,

vuelto de cara al cielo, pareciendo guardar
placentero recuerdo de una idea pretérita:
¡una Belleza a solas en una tumba estiva!

[SONETO]

Así santificaba para mí una Visión
el poder de la Muerte, antes de que mis ojos
vieran tu rostro —el trance en calma de tu rostro—
cuando tú, hermana amada, desposaste a la Muerte:

ni un resto de dolor ni enfermedad dejaba
ese cambio —la edad se borraba en tu rostro—:
tu frío rostro ahora podía desplegar
un esplendor negado a la juventud viva.

Ah si en mí la esperanza algún día declina,
y la luz de la fe ¡oh Amiga! en mí se apaga,
que esa sonrisa entonces, revelación del cielo,

como clara promesa, vuelva visiblemente:
y se alegre mi espíritu en tal poder divino,
lo mismo que por él dejó de tener luto.

[Soneto]

Es un hermoso ocaso, tranquilo y libre; el tiempo,
sagrado, está callado lo mismo que una monja
que adora sin aliento: el ancho sol desciende
en su tranquilidad: la suavidad del cielo

se cierne sobre el mar como en meditación.
¡Escucha! el poderoso Ser está en vela y hace
con su gran movimiento eterno a modo de un sonido
de trueno, para siempre. ¡Querida Niña mía,

que andas aquí conmigo!, aunque no te parezca
tocar ni un pensamiento solemne, no por eso
es tu naturaleza menos divina: estás

todo el año en el seno de Abraham, y das culto,
metida en el sagrario más íntimo del Templo,
estando Dios contigo aunque no lo sepamos.

[Soneto]

El mundo es demasiado para nosotros: siempre
recibiendo y gastando, disipamos las fuerzas;
en la naturaleza vemos muy poco que sea nuestro,
y hemos cedido nuestros míseros corazones.

Esta mar que desnuda su seno hacia la luna,
estos vientos que aullando pasan a todas horas
y ahora se amontonan como flores dormidas:
para eso, y para todo, no estamos entonados,

no nos mueve. ¡Gran Dios!, preferiría ser
un pagano crecido en una fe gastada,
para poder, erguido en estos prados suaves,

ver algo que me hiciera menos desamparado:
observar a Proteo saliendo de los mares,
oír su enguirnaldado cuerno al viejo Tritón.

[Soneto]

¡Oh clara juventud! Bastante era dorar
con soles obedientes toda lluvia extraviada,
y si una inesperada nube bajaba, pronto,
sobre ella construir un arco iris, para

la Fantasía errante, mezclando, de los campos
a medio labrar, hierbas con flor de adormidera;
te coronaban tus Favoritos, cantando
tu poder, sin censura ni compasión del sabio.

Ah, muestra qué más dignos honores se te deben,
clara juventud; mueve lo hondo del corazón:
confirma a tu glorioso Espíritu a que emprenda

un sendero de abrupta subida y alta meta;
y si hay una alegría que mengüe lo que pide
recuerdo agradecido, haz irse a esa alegría.

[Soneto]

Mucho llevo observando, con tristeza en silencio,
el lucero que se hunde despacio —¡inmortal Padre,
se diría, de todo el coro refulgente!
Aún le rodea el éter azul, aún; pero ya

llega a la balaustrada pétrea del horizonte,
donde, dejando atrás su brillante ropaje,
se quema, transmutándose en un fuego sombrío;
y paga al fin, sumiso, la deuda convenida

al fugitivo instante, y no se le ve más.
¡Dioses y ángeles! Vamos luchando con el hado
mientras fuerza, salud, gloria, desde su cima

decaen y se apagan; mas, perdido lucero,
qué diferente en eso nuestro rango del tuyo:
ningún mañana puede restaurar nuestros rayos.

[Soneto]

Mira los concentrados avellanos que ciñen
esa vieja y gris piedra, guardada del fulgor
del sol de mediodía —aun los rayos que juegan
y atisban, mientras sopla el libre y rudo viento,

rara vez tocar pueden el musgo que recubre
ese techo, a la sombra de la cúpula verde,
que parece formar la imagen de una tumba
donde yace un antiguo Jefe, entre las montañas

solitario. ¡Vivid, árboles! Tú, gris Piedra,
guarda la pensativa imagen de una oscura
cámara donde duermen los Poderosos: algo

más que la Fantasía se pliega a la influencia
si la Naturaleza solitaria se aviene
a imitar la perdida humanidad del Tiempo.

[SONETO]

COMPUESTO TRAS UN VIAJE
POR HAMBLETON HILLS, YORKSHIRE

Caían, más oscuras, las sombras del ocaso;
se alcanzó el deseado punto: mas a una hora
en que poco podía ganarse en la riqueza
de perspectiva, tan celebrada por muchos.

Pero el oeste ardiente, con poder asombroso
nos saludaba: había allí una ciudadela
india, un templo de Grecia, un monasterio irguiendo
su torre, ¡un sitio como para que una campana

sonase, o un reloj! Y había muchas islas
tentadoras, con cuevas no imaginadas, firmes
en alta mar, objetos de éxtasis silencioso

para los ojos: pero sentíamos, a un tiempo,
que olvidarlos debíamos: son tan sólo del cielo
y de nuestra memoria terrenal se disipan.

[SONETO]

Esas palabras dije cuando, en cavilación,
nos volvimos, dejando esa visión solemne:
un reproche y contraste para el goce grosero,
el placer sin espíritu que buscamos a diario.

Pero ahora no puedo meditar esa idea:
es inestable como un sueño de la noche,
ni elogiaré una nube, por brillante que sea,
en mengua de los dones del Hombre y su sustento.

Cuevas, islas o cúpulas formadas en el cielo,
aun vestidas de puros colores, no hallarán
en el alma del hombre un lugar natural:

el Alma inmortal busca objetos que perduren:
éstos se aferran a ella: no puede desviarse
de ellos, ni ellos de aquélla: es fiel su compañía.

[Soneto]

COMPUESTO EN EL PUENTE DE WESTMINSTER
(3 DE SEPTIEMBRE DE 1802)

La tierra no nos puede mostrar nada más bello:
sordo sería de alma quien pasase de largo
una visión que tanto conmueve en majestad:
esta ciudad ahora lleva, como un vestido,

la belleza que trae la salida del sol;
barcos, cúpulas, torres, teatros, templos quedan
abiertos a los campos y al cielo: refulgentes,
en el aire sin humo, todos en claridad.

Nunca un sol ascendió más bello a su esplendor
prístino por un valle, unas rocas, un monte;
¡nunca vi ni sentí una calma más honda!

El río se desliza por su dulce querer:
¡oh Dios! hasta las casas se dirían dormidas
y todo ese potente corazón yace en calma.

[Soneto]

EN LA ABADÍA DE FURNESS

A mediodía aquí vienen a descansar
estos trabajadores ferroviarios. Se sientan,
pasean por las ruinas, pero no se oyen charlas
vanas: han adoptado todos un aire serio,

y, a una voz, suena un Himno vibrante que consagra
una vez más el Coro, tanto tiempo olvidado,
y en torno hace vibrar la vieja tierra fúnebre.
Otros miran arriba y admiran largamente

el ancho arco, pensando cómo se levantó,
para elevar tan alto allá su fuerza y gracia:
parecen notar todos el alma del lugar,

y, con común respeto, es alabado Dios:
saqueadores profanos, ¿no os sentís reprobados
mientras éstos, de espíritu sencillo, se conmueven?

Oda

INSINUACIONES DE INMORTALIDAD
POR RECUERDOS DE LA TEMPRANA NIÑEZ

I

Hubo un tiempo en que prados, bosquecillos, arroyos,
la tierra, y toda vista acostumbrada,
me parecían ser, en luz celeste
adornados, la gloria, la frescura de un sueño.
Hoy ya no es como fue,
me vuelva a donde quiera,
de día o por la noche:
las cosas que veía no puedo verlas ya.

II

El Arco Iris sale y se retira,
deliciosa es la Rosa,
la Luna, con deleite,
mira en torno si el cielo está sin nubes;
en la noche estrellada, el agua corre
hermosa y deliciosa;
el Sol brilla en glorioso nacimiento,
pero, por donde vaya,
sé que se fue una gloria de la Tierra.

III

Hoy que las aves cantan un canto alegre, así,
y brincan los borregos como al son del tambor,
me vino, en soledad, una doliente idea:
y oportunas palabras aliviaron mi mente

y otra vez tengo fuerzas: desde el borde
del precipicio suenan trompetas de cascadas;
no ofenderá otro agravio mío a la primavera:
oigo por las montañas los ecos en tropel,
llegan a mí los vientos de los campos del sueño,
la Tierra está gozosa:
mar y tierra se entregan
al regocijo: todo
animal, con el ánimo de mayo,
hace su vacación:
¡hijo de la Alegría,
grita en torno de mí, déjame oír tus gritos,
tú, feliz pastorcillo!

IV

Criaturas benditas, escuché la llamada
que os hacéis unas a otras; y veo con vosotras
a los cielos reír en vuestro jubileo:
en vuestro festival entra mi corazón,
mi cabeza se ciñe de guirnalda,
la plenitud de vuestra dicha siento: lo siento todo.
Oh mal día, si estuviera ceñudo
mientras la misma tierra se ha adornado
esta dulce mañana de mayo, cuando están
los Niños recogiendo,
por todas partes, frescas
flores, en tantos valles a lo lejos,
mientras brilla el sol tibio,
y el Niñito pequeño salta en brazos
de la Madre: yo escucho, ¡con alegría escucho!
Pero hay un Árbol, entre muchos, uno,
un cierto Campo que he mirado tanto,
y ambos me dicen de algo que se fue:
ante mis pies, la flor del pensamiento
repite un cuento siempre:
¿a dónde huyó aquel brillo visionario?
¿dónde están hoy las glorias y los sueños?

V

Nuestro nacer es sólo un dormir y olvidar:
el Alma que se eleva con nosotros, la Estrella
de nuestra vida, tuvo su ocaso en otro sitio,
y llega de muy lejos:
no en un entero olvido,
no del todo desnudos,
sino arrastrando nubes de gloria hemos llegado
de Dios, que es nuestro hogar;
¡en torno nuestro hay Cielo en nuestra infancia!
Sombras de la prisión se empiezan a cerrar
sobre el Niño que crece,
pero él mira la luz y de dónde le afluye,
en su gozo lo ve;
el Joven, aunque a diario debe andar alejándose
del Este, es sacerdote de la Naturaleza
todavía, y su espléndida visión
le sigue, acompañando su camino;
al fin, el Hombre nota cómo muere
y se extingue en la luz del común día.

VI

La Tierra, de placeres suyos llena el regazo,
siente afán de su propia especie natural,
y aun con algo del ánimo
de una Madre, con digna pretensión, familiar
Ama, hace cuanto puede para lograr que a su Hijo
Adoptivo, el Hombre, se le olviden
las glorias que ya había conocido,
y el palacio imperial de donde vino.

VII

En su dicha recién nacida, ved al Niño,
¡el querido pigmeo de seis años!
Vedle tendido en medio de lo que hacen sus manos,

mientras le asaltan ráfagas de besos de su madre,
con la luz de los ojos de su padre sobre él.
Ved, a sus pies, algún pequeño plano o mapa,
un trozo de su sueño de vida humana, que él
por sí mismo formó con recién aprendido
arte; quizá una boda, un festival,
un funeral, un luto; y eso ahora
tiene su corazón
y a ello ajusta su canto;
luego acomodará su lengua a diálogos
de negocios, de amor o de disputa;
pero no tardará
eso en quedar a un lado,
y con nueva alegría y nuevo orgullo
ese pequeño Actor formará un papel nuevo:
y ocupará su «escena de humores», alternando
todos los personajes, hasta la paralítica
Vejez, que trae la vida consigo en su reserva:
como si su completa vocación
fuera la imitación interminable.

VIII

Tú, que desmientes en tu aspecto externo
la inmensidad de tu alma,
filósofo mejor, que aún conservas
tu herencia, y eres Ojo entre los ciegos;
que, sordo y en silencio, lees la eterna hondura
siempre acosado por la mente eterna,
¡poderoso Profeta! ¡venturoso Vidente!;
en quien descansan todas las verdades
que pasamos la vida buscando con fatiga,
perdidos en lo oscuro, lo oscuro de la tumba;
con tu Inmortalidad, como el Día, cerniéndote
sobre ti, como un Amo sobre un Siervo,
una Presencia que no es posible eludir;
para quien es la tumba un lecho solitario
sin sensación ni imagen del día o la luz cálida,
lugar de pensamiento donde esperar yaciendo;
tú, Niño, todavía glorioso en el poder
de libertad celeste en lo alto de tu cima,

¿por qué con tal empeño fatigoso provocas
los años a traer el yugo inevitable,
luchando ciegamente así contra tu dicha?
Pronto tu ala tendrá su carga terrenal
y pondrá la costumbre un peso sobre ti,
pesado como el hielo, hondo como la vida.

IX

¡Oh gozo! en nuestras ascuas
hay algo que está vivo,
que la naturaleza recuerda todavía
cómo fue tan fugaz.
Pensar en nuestros años pasados en mí engendra
perpetua bendición: no ciertamente
por lo más digno de ser bendecido;
deleite y libertad, el simple credo
de la Infancia, en reposo o atareada,
con esperanza nueva aleteando en el pecho;
no por ello levanto
el canto de alabanza agradecida;
sino por las preguntas obstinadas
del sentido y las cosas exteriores;
algo que de nosotros cae y se desvanece,
sospechas sin perfil de una Criatura
que se mueve por mundos sin realizar, instintos
altos, ante los cuales nuestra naturaleza
mortal tembló, así un Ser culpable sorprendido;
sino por las primeras afecciones,
esos vagos recuerdos,
que, sean lo que sean,
son la fuente de luz de todo nuestro día,
son la luz dominante en todo nuestro ver;
nos sostienen y abrigan, con poder para hacer
que estos años ruidosos parezcan sólo instantes
en el ser del eterno Silencio: las verdades
que despiertan a nunca perecer:
que ni desatención, ni esfuerzo loco,
ni el Hombre, ni el Muchacho,
ni todo lo enemigo de la dicha
pueden borrar del todo o destruir.

Por eso, en estación de tiempo claro,
aunque estemos muy tierra adentro, nuestras
Almas tienen visiones de ese mar inmortal
que nos trajo hasta aquí;
y hasta allí pueden ir en un momento
para ver a los Niños que juegan en la orilla
y oír las poderosas aguas siempre dar vueltas.

X

Así pues, cantad, Pájaros, ¡cantad un canto alegre!
¡Y salten los borregos
como al son del tambor!
En nuestros pensamientos iremos agolpados
con vosotros, flautistas, vosotros que jugáis,
los que sentís en vuestro corazón
la alegría de mayo.
Aunque el fulgor que fue tan claro en otro tiempo
se quite para siempre de mi vista,
aunque nada me pueda devolver esas horas
de esplendor en la hierba, de gloria entre las flores,
no me voy a afligir, sino más bien a hallar
fuerza en lo que atrás queda:
en esa simpatía primigenia
que, habiendo sido, debe siempre ser;
en los suavizadores pensamientos que brotan
del sufrimiento humano;
en la fe que contempla a través de la muerte,
en los años que traen la mente filosófica.

XI

¡Vosotros, Fuentes, Prados, Colinas, Bosquecillos,
no presagiéis que se separen nunca
nuestros amores! Siento en el corazón, hondo
vuestro poder: tan sólo he perdido un deleite,
el vivir bajo vuestro más habitual dominio.
Al Arroyo que baja, ruidoso, lo amo ahora
más que cuando, ligero como él, me tropezaba;
el fulgor inocente de otro día que nace

me sigue siendo amable;
las nubes que se juntan en torno al sol poniente,
toman su colorido sobrio de una mirada
que ha velado la humana mortalidad: ha habido
otra carrera, y otras palmas se han conquistado.
Gracias al corazón que nos hace vivir,
gracias a su ternura, sus gozos, sus temores,
la menor flor me puede ofrecer pensamientos
a veces demasiado hondos para las lágrimas.

[Compuesto en 1803-1806; publicado en 1807.]

EL PRELUDIO
O
DESARROLLO DE LA MENTE DE UN POETA

[*Escrito entre 1799 y 1805.*]
En el Prefacio *a* La excursión (1814):
Hace varios años, cuando el Autor se retiró a sus montañas natales con la esperanza de ser capaz de construir una obra literaria que pudiera vivir, era cosa razonable que pasara revista a su propia mente, y examinara hasta qué punto le habían hecho capaz de tal empresa la Naturaleza y la Educación.

Esta obra, dirigida a un querido amigo [Coleridge], muy distinguido por su saber y su genio, y con quien tiene una gran deuda el intelecto del Autor, está terminada hace tiempo; y el resultado de la investigación que la produjo fue la decisión de componer un Poema filosófico, que contuviera visiones del Hombre, la Naturaleza y la Sociedad, y que se titulara El recluso, *por tener como tema principal las sensaciones y opiniones de un poeta que vive en apartamiento.*

El poema preparatorio es biográfico, y conduce la mente del Autor hasta el punto en que se atrevió a tener esperanzas de que sus facultades estuvieran suficientemente maduras como para acometer el arduo trabajo que se había propuesto; y las dos obras tienen el mismo tipo de relación entre sí, si se le permite expresarse así, como el atrio con el cuerpo de una iglesia gótica. Continuando esta alusión, quizá se le permita añadir que sus piezas menores, que hace mucho que están ante el público, una vez que se dispongan propiamente, el lector atento hallará que tienen tal conexión con la obra principal que pueden pretender ser comparadas a las pequeñas capillas, oratorios y huecos sepulcrales habitualmente incluidos en tales edificios.

I

Hay una bendición en esta brisa suave
visitante que, mientras airea mis mejillas,
parece saber casi la alegría que trae
desde los verdes campos y el claro cielo azul.
Con cualquier misión, esta suave brisa no puede
hallar más gratitud en nadie que en mí, huido
de la vasta ciudad, donde tanto sufrí
en incómoda estancia; ahora libre, libre
como un pájaro para posarme donde quiera.
¿Qué morada me habrá de acoger, bajo qué árboles
pondré mi hogar? ¿Qué claro río con sus murmullos
me arrullará llevándome a descansar? La tierra
se abre toda ante mí. Con corazón gozoso
sin miedo de su propia libertad, miro en torno
y aunque tan sólo fuese una nube sin rumbo
la guía que eligiera, no erraría el camino.
¡Ya respiro de nuevo! Trances de pensamiento,
elevaciones de ánimo me invaden acuciantes:
de encima me he quitado el fardo de mi propia
persona innatural, esa pesada carga
de tantos fatigados días, no míos, y de días
nada hechos para mí. Largos meses de paz
(si una palabra tan osada está de acuerdo
con lo que prometer puede una vida humana),
largos meses a gusto, de deleite sin mancha,
en perspectiva tengo: ¿a dónde dirigirme,
por camino o sendero, o en el campo sin huellas,
cuesta arriba o abajo? ¿o algo flotante puede
por el río marcar el rumbo para mí?
¡Amada libertad! Mas ¿de qué serviría
sino para algún don que consagre mi gozo?
Pues mientras que la dulce brisa del cielo el cuerpo
me animaba, creí notar en mi interior
otra brisa, en respuesta, que se movía suave,
con virtud de dar vida, pero ahora se ha vuelto
una tormenta, una rebosante energía,
arrastrando su propia creación. Gracias a ambas,
y a sus fuerzas afines, que, unidas en romper

una helada de larga continuidad, aportan
promesas del invierno, esperanzas de días
de acción bajo el apremio de las horas que vuelan;
días de ocio, con carga de paciente pensar
abstracto, sin faltarles puntual servicio en lo alto,
¡vísperas y maitines de versos armoniosos!

Hasta aquí, Amigo mío, yo, no habituado a hacer
de algún gozo presente materia de mi canto,
vertí ese día mi alma en ritmos bien medidos
para que nunca fueran olvidados, y aquí
se anotan: a los campos abiertos yo les dije
mi profecía: números poéticos vinieron
sin más, a revestir en sacerdotal túnica
un renovado espíritu elegido —según
esperaba yo— para sagrados ministerios.
Me animaba mi propia voz, y aún más, el eco
interior, en la mente, del sonido imperfecto;
a ambos escuché yo, y de los dos obtuve
animada confianza en cuanto ha de ocurrir:
contento, y nada reacio a dar espacio ahora
a esta pasión, anduve con vivos pasos ávidos,
hasta llegar a un sitio de sombra verde: allí
me senté bajo un árbol, aflojando a mi gusto
mi pensar, y asentándome en más amable dicha...

Era un atardecer espléndido, y mi alma
puso a prueba de nuevo su fuerza, y no faltaban
visitaciones eolias, pero el arpa del viento
pronto se destempló, y la hueste ordenada
de la armonía en ásperos ruidos se dispersó;
y al fin hubo total silencio: «Sea así;
¿por qué pensar en nada sino en el bien presente?»
Así como el labriego de vuelta a casa, fui
andando bajo el sol madurado, que da
suave influjo, quitando en mí todo deseo
de volver a amarrar ese tiempo sabático
a algún yugo servil. ¿A qué tantas palabras?
Un placentero viaje errabundo, tres días
seguidos, me llevó a mi ermitaño sitio.
No he de contar lo que hubo después, aquella vida
en las cosas comunes —reserva inagotable

de lo exquisito, al menos para mí, cada día
hallada en torno mío en un solo paraje—,
mi felicitación a mí mismo, y del alba
a la noche, la paz de ánimo nunca rota...

Hoy me contentaría con cambiar estas altas
esperanzas, un tiempo, por los dones presentes
de más humilde industria. Pero, oh querido amigo,
el poeta, aunque sea una amable criatura,
como el Enamorado, tiene tiempos sin ley;
accesos, sin estar enfermo ni estar sano,
aunque no haya aflicción tras él sino sus propios
pensamientos rebeldes: su mente, más contenta
cuando, disciplinada igual que la paloma
empolla, algunas veces no vive hasta ese fin,
sino, como esa simple ave, tiene punzadas
que la empujan, turbada, entre las espesuras;
en mí mismo también hay tal pasión ahora,
culpable solamente por durar demasiado.
Cuando como es lo propio de aquel que se prepara
para labor tan ardua, voy haciendo en mí mismo
un riguroso examen, a menudo mi informe
es animador, pues no creo que me falte
ese primer gran don, el ánimo vital,
ni tampoco verdades generales, que son
una suerte de Agentes, Elementos, Poderes
secundarios que ayudan a la mente viviente:
tampoco estoy desnudo de las cosas externas,
imágenes y formas, y otras muchas ayudas
menores, aunque acaso ganadas con trabajo,
y necesarias para la gloria de un Poeta.
Tiempo, lugar, maneras, busco yo, y esto se halla
en reserva abundante, pero nunca de modo
que puedan separarse con elección segura;
no hay un pequeño grupo de nombres recordados
que pudiera esperar, con perfecta confianza,
hacer volver a mí de un solitario exilio,
y hacerlos residir en corazones de hombres
vivos hoy, o que en años futuros vivirán...

A veces me conviene inventar un relato
desde mi corazón, de mejor parentesco

con mis propias pasiones e ideas habituales;
un relato variado, elevado en conjunto,
pero esa insustancial estructura se funde
al ponerse ante el sol mismo que la ilumina,
¡niebla disuelta en aire! Entonces un deseo,
mi última y favorita aspiración, se eleva
con anhelo hacia algún filosófico canto
de la Verdad que abriga nuestra vida diaria;
y con apasionadas meditaciones de hondos
rincones en el alma del hombre, inmortal verso,
con cuidado ajustado a la lira de Orfeo;
pero de esa terrible carga, pronto, del todo
me refugio y me quiero lisonjear con confianza
de que años más dorados madurarán mi mente
y una visión más clara. Así pasan mis días
en la contradicción: sin saber separar
el vago anhelo, acaso creado por la falta
de poder, y el impulso supremo, incontenible,
una capacidad tímida por prudencia,
y por circunspección, demora interminable.
La humildad y el respeto modesto me traicionan
sirviendo de pretexto a menudo de algún
más sutil egoísmo; que a veces deja presa
toda función, cerrada en reserva vacía,
y otras veces me engaña, confiando en una ansiosa
mirada que desborda, con intrusa inquietud,
sencillez y verdad, que aparezca ella sola.
¡Ah! mucho mejor que eso, ir vagabundeando
con placer por los campos y senderos rurales,
no preguntar el orden de las horas, contento
con meditar, vacío, descuidar, sin reproche,
todo, en deliberada vacación. Mejor nunca
haber oído el nombre del celo y de la justa
ambición, que vivir perseguido y confuso
por un temperamento que a cada hora vuelve,
reacio, a su tarea: que toma otra vez ánimo,
pero siente en seguida que un hueco pensamiento
pende, tal como un veto, sobre sus esperanzas.
Así es mi suerte: pues o bien siempre percibo
alguna imperfección en el tema elegido,
o veo que en mí mismo tanto le falta, tanto,
al absoluto logro, que me echo atrás y me hundo,

y busco mi reposo de la perplejidad
vana, con no prestar atención, con viajar
sin provecho ninguno camino de la tumba,
falso administrador que ha recibido mucho
y no devuelve nada. ¿Para eso fue que un río,
el más bello de todos, gustaba de mezclar
su murmullo a los cantos de mi ama, y de sus sombras,
sus bosques, de las peñas de sus cascadas, siempre
enviaba una voz que fluía en mis sueños?...

Polvo somos, mas crece el inmortal espíritu,
tal como la armonía en música: una oscura
habilidad secreta reconcilia elementos
en discordia, y los hace aferrarse en unión
en una sociedad. Es extraño que todos
los terrores, dolores, miserias del principio,
lamentos, vejaciones, perezas, combinados
en mi mente una vez hayan sido una parte,
y parte necesaria, para constituir
la tranquila existencia que es mía cuando yo
soy digno de mí mismo. ¡Alabanza hasta el fin!
Dad gracias a los medios que la Naturaleza
se ha dignado emplear: bien si visita en paz,
o bien si alarma, suave, como la luz sin daño
abriendo las pacíficas nubes: o bien cuando usa
intervenciones más graves, en ministerio
más palpable, según convenga a su intención.
Una tarde de otoño (conducido por ella)
hallé una barca atada a un sauce en una cueva
en las rocas, su sitio de costumbre. Derecho
desaté su cadena, y embarcándome en ella,
empujé aguas adentro. Lo hice furtivamente,
con turbado placer, en tanto que las voces
de los ecos del monte seguían a la barca...

¡Sabiduría, Espíritu del universo! Tú, Alma,
que eres la eternidad del pensamiento y das
a imágenes y formas un aliento, un perpetuo
movimiento no en vano, de día o a la luz
de las estrellas, desde mi primera alborada,
entrelazaste así para mí las pasiones
que forman nuestra humana alma: no con las obras

de los hombres, vulgares y bajas; con las cosas
duraderas, con vida y con naturaleza:
así purificando lo que hace el sentimiento,
lo que hace el pensamiento: así, santificando
con esa disciplina el miedo y el temor,
hasta que en los latidos del corazón sabemos
reconocer también una grandeza propia.
Y ese compañerismo no se me concedió
con avara bondad. En días de noviembre,
cuando la niebla hacía, bajando por el valle,
más solitaria aún la escena, entre los bosques,
a mediodía, y luego en medio de la calma
de las noches de invierno, cuando, al borde del lago
tembloroso, a los pies de los cerros sombríos,
iba solo, era mía tal comunicación:
era mía en los campos, por el día y la noche,
y junto al agua, siempre; lo era todo el verano.
Y en la estación helada, cuando el Sol se ponía,
y, visibles de lejos, las ventanas brillaban
por entre la penumbra del ocaso, no hacía
caso yo a sus llamadas: un momento feliz
era para nosotros todos, y para mí
era un momento de éxtasis. Fuerte y claro, sonaban
las seis en el reloj de la aldea; yo daba
vueltas, ufano, alegre, como un caballo sin
fatiga, que no quiere volver a casa. Todos
calzados con acero, zumbábamos veloces
por el pulido hielo en juegos bien aliados,
imitando la caza, la diversión del bosque:
la trompa resonante, la jauría ladrando,
la liebre perseguida. Y entre el frío y lo oscuro
rodábamos, y ni una voz quedaba en reposo:
heridos del estrépito, sonaban los abismos,
los árboles sin hojas, todo barranco helado,
como hierro vibraban, mientras remotos cerros
al tumulto mandaban un extraño sonido
de una melancolía no inadvertida, mientras
las estrellas de Oriente brillaban, y al Oeste
el cielo anaranjado se apagaba despacio.
A veces me apartaba del estrépito a algún
silencioso rincón, o juguetonamente
lanzaba una ojeada, dejando a los ruidosos,

y cruzaba al reflejo de una estrella que huía
por delante de mí, en el cristal del llano;
y a veces cuando habíamos entregado los cuerpos
al viento, y las sombrías riberas a los lados
venían a través de lo oscuro, aún girando
en la rápida línea del avance, de pronto,
me paraba, agachándome en los talones, pero
los solitarios cerros aún giraban en mí,
igual que si la tierra, moviéndose visible,
desplegara en redondo todo su giro diurno.
Tras de mí ellos seguían, en cortejo solemne,
a cada vez más débil, y yo observaba quieto,
hasta callarse todo, como un dormir sin sueños.
¡Presencia en cielo y tierra de la Naturaleza!
¡Visiones de los montes! ¡Almas de soledades!
¿Puedo creer que teníais una baja esperanza
vulgar cuando empleabais tal ministerio; cuando
durante tantos años acosándome así
entre mis juegos niños, en árboles y cuevas,
por los bosques y cerros, imprimíais en todas
las formas un carácter de peligro o deseo;
haciendo de este modo que la gran superficie
del globo de la tierra, con triunfo y con deleite,
con esperanza y miedo, obrara como un mar?

... Y aunque haya sido lento para describir cómo
fue la Naturaleza quien, por pasión extrínseca,
antes pobló mi mente de formas —bellas o
sublimes— enseñándome a amarlas, no por eso
puedo omitir aquí qué otros placeres tuve,
y qué gozos de origen más delicado, y cómo
sentí, no rara vez, en tiempo de tormenta,
las sagradas y puras mociones del sentido
que, en su simplicidad, parecen poseer
hechizo intelectual; ese calmo deleite
que, si no yerro, debe pertenecer a aquellas
afinidades prístinas que hacen encajar nuestra
existencia novel con las cosas que existen,
y en nuestro amanecer de ser, resultan como
el vínculo de unión entre el gozo y la vida.
Recuerdo cómo cuando la tierra con sus cambios
y diez veranos ya habían estampado

en mi mente los rostros del año en movimiento,
tenía un inconsciente trato con la belleza,
como la creación, vieja; bebiendo en puro
y orgánico placer de argénteas guirnaldas
de la niebla en volutas, o la lisa llanura
de aguas coloreadas por las nubes suspensas...

II

... Esos incidentales encantos que al principio
uní a objetos rurales, día tras día fueron
haciéndose más débiles, y puedo decir ya
que la Naturaleza, hasta entonces ayuda
secundaria, era ahora largamente buscada
por sí misma. Mas ¿quién podría parcelar
su intelecto por reglas geométricas, como
provincia dividida en redondo y cuadrado?
¿Quién sabe la precisa hora en que sus costumbres
se sembraron, incluso en primera semilla?
¿Quién dirá, señalando con una vara: «Aquella
particular porción del río de mi mente
vino de aquella fuente»? Tú, mi Amigo, has leído
más profundo en tus propios pensamientos; a ti
la ciencia te aparece tal como es en verdad,
no como nuestra gloria, nuestro absoluto mérito,
sino en un sucedáneo, como un puntal de nuestra
debilidad. No eres un sirviente oficioso
de ese falso poder secundario, que ayuda
a que multipliquemos distinciones, y luego
consideremos nuestras mezquinas divisorias
cosas que percibimos, y no como acto nuestro.
A ti, a quien no te ciegan esas artes formales,
te ha sido revelada la unidad del total,
y dudarás conmigo, menos apto que muchos
para dar jerarquía a nuestras facultades
en escala y en orden, arreglar el archivo
de nuestras sensaciones, y, en voluble fraseo,
repasar el origen e historia de cada una
igual que de una cosa, sola e independiente.
La vana, ardua tarea de analizar la mente
en cada pensamiento más obvio y más concreto,

no en un sentido místico y ocioso: en el lenguaje
de la Razón pesándola hondamente, no tiene
ni comienzo. Bendito el Niñito sin habla
(para mi conjetura mejor quiero seguir
la marcha terrenal de nuestro Ser); ¡bendito
en brazos de su Madre hundiéndose en el sueño,
arrullado en el pecho de su Madre, y que bebe
con su alma el sentimiento de su Madre en los ojos!
Para él, en una sola Presencia amada, existe
una virtud que irradia y exalta los objetos
a través de un más ancho contacto del sentido.
No es aún un proscrito, deprimido y confuso;
por sus venas de niño marchan entremezclados
la gravitación misma y el vínculo filial
de la Naturaleza, que le conecta al mundo.
Si señala una flor con la mano, muy débil
para cogerla, ya el amor emanado
de la más pura fuente terrenal, ya le ha hecho
que sea bella esa flor: ya hay sombras de piedad
que lanza la ternura interior en su torno
cayendo en toda cosa que muestra lamentables
señales de violencia o de daño con énfasis,
tal como vive un Ser, aun frágil criatura
como es, inerme y frágil, mínimo residente
de este activo universo: porque su sentimiento
le ha impartido poder, que por las facultades
crecientes del sentido, a manera de agente
de una gran Mente única, crea, siendo creador
y receptor a un tiempo, trabajando tan sólo
en alianza con esas mismas obras que observa.
Así es, pues, el primer espíritu poético
de nuestra vida humana, que el dominio uniforme
de los años siguientes, en los más de los hombres,
elimina o abate: en pocos, a través
de todo cambio, sea creciente o decreciente,
supremo hasta la muerte. Desde el mismo principio,
desde poco después de la primera vez
en que, niñito aún, por enlace de tacto
dialogaba en silencio con mi Madre, en su mismo
corazón, me he esforzado en enseñar los medios
con los que esa infantil sensibilidad, gran
derecho por herencia de nuestro ser, en mí

se aumentó y se mantuvo. Pero queda un camino
ante mí más difícil; temo que sus quebrados
rodeos necesiten tendones de gamuza
y alas de águila: pues ahora entra en mi mente
una perturbación por causas ignoradas.
Me quedé solo, en busca de este mundo visible,
y sin saber por qué. Se hundieron los puntales
de mis afectos, pero persistió el edificio
igual que sostenido por su espíritu mismo.
Todo lo que observaba me era caro, y por ello
mi mente estaba abierta a influjos más sutiles
y a comunión más íntima. Muchos son nuestros gozos
de jóvenes, pero ¡ay! qué dicha es el vivir
cuando trae cada hora un acceso palpable
al conocer, y todo conocer es deleite,
y no está la tristeza. Una estación tras otra
pasaba y yo movía en todo cualidades
sin desplegar, efímeras, que de no ser por ese
poder de observación del amor, quedarían
descuidadas; dejando un registro de muchas
relaciones estables, antes desconocidas.
De ahí la vida, el cambio, belleza y soledad,
más activa que incluso la «sociedad mejor»,
sociedad endulzada, como la soledad,
por mudas simpatías sin estorbo y por suaves
agitaciones de ánimo por parte de variadas
distinciones, en una diferencia notada
en cosas, donde para el ojo desatento
no hay diferencia tal, y, de la misma fuente,
un gozo más sublime; pues yo paseaba a solas,
bajo las silenciosas estrellas, y en tal tiempo
noté cuánto poder existe en el sonido
para exhalar un ánimo elevado por formas
o por no profanadas imágenes: me estaba
en la noche cerrada por tormenta inminente,
bajo una roca, oyendo notas que son la lengua
espectral de la antigua tierra, o tienen morada
crepuscular en vientos lejanos. Ahí bebí
el poder visionario; y bien me aprovecharon
los cambiantes estados de ánimo con umbrosa
exultación; y no por tener parentesco
con nuestra mente más pura y con nuestra vida

intelectual: no, porque el alma, recordando
cómo sintió, mas no lo que sintió, retiene
una sensación vaga de una sublimidad
posible, hacia la cual aspira, con crecientes
facultades, crecientes más y más, y sintiendo
que, por mucho que ganen, algo siempre les queda
que perseguir. Y no sólo en medio de sombras
y tumulto: no menos entre escenas hermosas
en calma, ese poder universal, con ese
ajuste en las latentes cualidades y esencias
de las cosas, que mueve la mente en sentimientos
de placer, hasta a mí llegaba reforzado
con un alma añadida, una virtud no suya.
De mañana, muy pronto, paseaba: a menudo
antes de clase, daba la vuelta al lago, cinco
millas de placentero caminar. ¡Feliz tiempo!
más feliz por estar a mi lado un Amigo,
entonces tan querido: ¡con qué alma emocionada
leería estos versos! Pues muchos años han
pasado entre nosotros, y nuestras almas, mudas
una con otra ahora, viven como si aquellas
horas no hubieran nunca existido. Otras veces
levantaba el pestillo de la casa aldeana
mucho antes de que un humo en volutas subiera
de ninguna morada, o se escuchase al tordo;
me sentaba en los bosques, solo, en una saliente
eminencia, en la aurora, mientras el valle aún
dormitando seguía en total soledad.
¿Cómo hallar el origen, cómo encontrar la fe
en lo maravilloso que entonces no sentía?
Una calma tan santa se extendía a menudo
en mi alma, que los ojos corporales quedaban
olvidados del todo, y lo que yo veía
parecía algo en mí, un sueño, alguna clara
perspectiva en la mente.
                    Largo fuera el decir
cuánto la primavera y el otoño, y la nieve
invernal y las sombras del verano, y el día
y la noche y el sueño y el pensamiento en vela
escanciaban, de fuentes inagotables, para
sustentar el espíritu de religioso amor
en que yo caminaba por la Naturaleza.

Pero no he de olvidar que yo guardaba aún
mi sensibilidad creativa primera;
que la acción regular del mundo no podía
dominar mi alma. En mí residía un poder
de plasticidad: una mano para formar,
tal vez rebelde, actuando como una desviación;
un espíritu propio y local, en combate
con la común tendencia, pero, regularmente,
en obediencia estricta a las cosas externas
con que iba en comunión. Una luz auxiliar
surgía de mi mente, que al sol poniente daba
nuevo esplendor: las aves melodiosas, las brisas
fugitivas, las fuentes que al pasar murmuraban
en sí con tal dulzura, a análogo dominio
prestaban obediencia: la tormenta nocturna
se hacía más oscura delante de mis ojos:
por eso mi obediencia, mi devoción; por eso
mis transportes. Acaso tampoco he de olvidar
que siempre preferí ejercer, con producto,
una tarea, más que el afán analítico,
y me parece más poética, al tener
más de fuerza creativa. La canción hablaría
de la edificación interminable alzada
a fuerza de observar afinidades mutuas
en cosas que no tienen fraternidad para ánimos
pasivos. Iba yo a cumplir diecisiete
años, y por el hábito arraigado tan hondo
en mi mente, o quizá por exceso en el gran
principio comunal de la vida, que obliga
todo a la simpatía, mis disfrutes pasaron
a la naturaleza inorgánica: acaso
la verdad poderosa, como en revelación
llegando, conversaba con cosas que de veras
son: yo, entonces, veía esparcidas en torno
de mí, las bendiciones como un mar. Así mientras
se volaban los días y pasaban los años,
de la Naturaleza y su alma rebosante
había recibido tanto que mi pensar
estaba sumergido en sensibilidad,
entonces solamente me sentí satisfecho,
cuando, en dicha inefable, me llenó el sentimiento
del Ser, vertido en cuanto se mueve o está quieto:

cuanto, perdido más allá del entender
y el conocer humano, invisible a los ojos,
está vivo, no obstante, para el corazón: cuanto
da saltos, corre, grita o canta o aletea
en el aire gozoso; cuanto va deslizándose
bajo las olas, sí, o en las olas, en lo hondo.
No es raro que sintiera elevados transportes,
intensas alegrías en comunión así,
por la tierra y el cielo, con todas las criaturas
que volvían la vista hacia el Ser No Creado
con adorador rostro, con mirada de amor.
Sólo un canto cantaban, y más audible, cuanto
el oído coral, abrumado ante el más
humilde preludiar de aquella melodía,
su función olvidaba durmiendo sin estorbo.

Si esto es error y hay otra fe que pueda lograr
un acceso más fácil a la mente piadosa,
yo, no obstante, estaría groseramente falto
del sentimiento humano que hace amar esta tierra
si de cantar dejara, con voz de gratitud,
de vosotras, montañas, y de vosotros, lagos,
cataratas ruidosas, y neblinas y vientos
que moráis en los montes donde yo me crié.
Si en mi juventud fue puro mi corazón,
si, al entrar en el mundo, he quedado contento
y he vivido con Dios y la Naturaleza
en comunión, ajeno a las enemistades
pequeñas y los bajos deseos, es don vuestro;
si en los presentes tiempos de miedo, este baldío
tan triste, de esperanzas derribadas; si en medio
de tanta indiferencia y apatía, o malvado
gozo cuando los buenos caen por todas partes,
sin que sepamos cómo, en egoísmo, en nombres
amables disfrazado, tal como paz y calma
y doméstico amor, pero a veces mezclándose
de buen grado con burlas en mentes visionarias:
si ahora en estos tiempos de abandono y desmayo,
no desespero yo de la naturaleza
nuestra, sino que guardo confianza más que estoica,
una fe que no falla, mi apoyo en toda pena,
la bendición que tiene mi vida: es vuestro don,

oh vientos y ruidosas cataratas, es vuestro,
oh montañas; es tuyo, Naturaleza. Tú
mis especulaciones elevadas nutriste,
y en ti, para este inquieto corazón nuestro, encuentro
un principio de goce que nunca ha de fallar
y la pasión más pura.
                    Tú, Amigo, te criaste
en la gran ciudad, entre escenas muy diversas:
pero, por diferentes caminos, al final
hemos llegado al mismo lindero. Y de ese modo
te hablo, sin tener miedo del desprecio, la burla
insinuada de lenguas cobardes, y todo eso
que el callado lenguaje a menudo en la humana
conversación suprime del rostro humano todo
vestigio de belleza y de amor. Pues buscaste
la verdad, solitario, y desde aquellos días
que libertad te dieron, tanto tiempo anhelada,
de servir en el templo de la Naturaleza,
fuiste su más asiduo ministro: en muchas cosas
mi hermano, sobre todo, en esta más profunda
devoción nuestra. ¡Adiós! La salud y la calma
de una mente bien sana puedan acompañarte
al buscar los lugares que frecuentan los hombres,
pero más a menudo viviendo en paz contigo,
a solas para ti; y así sean tus días
muchos, en bendición para la humanidad...

COLERIDGE

HIMNO ANTES DEL AMANECER,
EN EL VALLE DE CHAMONIX

¿Tienes algún conjuro que detenga al lucero
en su abrupta subida? En tanto que parece
hacer pausa tu calva y terrible cabeza,
soberano Mont Blanc, el Arve y Arveiron
deliran sin cesar en tu base: mas tú,
¡oh Forma aterradora! levantas a lo lejos
tu silencioso mar de pinos, ¡qué callado!
En torno a ti y encima, es el aire profundo
y oscuro, sustancioso, negro, una masa de ébano:
¡podría perforarse como con una cuña!
Pero al mirar de nuevo, es tu tranquilo hogar,
tu fanal cristalino, tu residencia desde
la eternidad. ¡Oh Monte, temible y silencioso!
Te he contemplado, fijo, hasta que, aunque presente
al sentido del cuerpo, fuiste desvaneciéndote
de mi pensar: en trance de plegaria, adoré
a lo Invisible solo.
                  Pero como una dulce
melodía hechicera, tan dulce que ignoramos
que la estamos oyendo, tú, en tanto, te mezclabas
con mi Pensar: aún más, con mi Vida y el gozo
secreto de la Vida: hasta que la ensanchada
Alma, en un arrebato trasfundida, pasaba
a la fuerte visión, y ahí, como en su forma
natural, dilatándose, llegaba, vasta, al Cielo.
¡Alma mía, despierta! ¡No debes sólo elogios
pasivos!; ¡no tan sólo las lágrimas que surgen,
mudas gracias, y un éxtasis en secreto! ¡Despierta,
voz de cántico dulce! ¡Despierta, corazón!
Verdes valles, barrancos de hielo, ¡uníos todos
a mi Himno!
           ¡Tú, el primero, el principal, el único
soberano del Valle! Tú luchas con la sombra

toda la noche, y toda la noche te visitan
huestes de astros, trepando al cielo, o al hundirse:
compañero en la aurora del lucero del alba,
tú mismo de la Tierra rosada estrella, Tú,
otro heraldo gemelo de la aurora: despierta
y lanza tu alabanza. ¿Quién hundió tus columnas
sin sol, hondo, en la Tierra? ¿Quién puso luz rosada
en tu rostro, y te hizo padre de eternos ríos?

Y vosotros, los cinco torrentes, locos, fieros
en alegría, ¿quién os llamó de la noche
y la muerte absoluta, desde oscuras cavernas
de hielo, a que bajarais esas rocas con filos,
negras, vertiginosas, sacudidas por siempre
y por siempre las mismas? ¿Quién os dio vuestra vida
invulnerable, vuestra fuerza y velocidad,
vuestra alegría y furia, vuestro trueno incesante
y eterna espuma? ¿Quién mandó (y llegó el silencio):
«Endurézcanse aquí las ondas y descansen»?
¡Cataratas de hielo! que con fuerza bajáis
de la frente del monte por enormes barrancos,
¡torrentes que al oír una voz poderosa
se pararon de pronto en su caída loca!
Inmóviles torrentes, calladas cataratas,
¿quién os dio tanta gloria como Puertas del Cielo
bajo la aguda luna llena? ¿Quién mandó al Sol
vestiros de arco iris? ¿Quién con flores vivientes
de puro azul tendió a vuestros pies guirnaldas?
¡Dios!, haz que los torrentes, como un clamor de pueblos,
respondan y den su eco las llanuras de hielo;
¡«Dios», arroyos del prado, cantad con voz alegre!
¡Oh pinares, con suaves rumores como de alma!
¡Y también tienen voz esas pilas de nieve;
cayendo en amenaza, también tronará Dios!
¡Flores vivas en torno de la perenne escarcha!
¡Cabras salvajes junto al nido de las águilas!
¡Águilas, que jugáis con la tormenta alpina!
¡Relámpagos, temibles flechazos de las nubes!
Oh signos y prodigios del celeste elemento,
decid, «Dios», y llenad los montes de alabanza.
También, canoso Monte, con tus picos al cielo,
de cuyos pies a veces el alud, no escuchado,

se dispara, tú fulges por lo puro y sereno
a lo hondo de las nubes que te velan el pecho;
tú, otra vez, asombrosa Montaña, que al alzar
la mirada, algún tiempo baja en adoración,
subiendo de tu base lentamente, con ojos
inundados de lágrimas, pareces elevarte
solemne, como nube de vapor, ante mí;
¡elévate, oh, siempre, como nube de incienso
desde la tierra! Regio espíritu en un trono
entre todos los montes, temible embajador
de la Tierra ante el Cielo; gran Jerarca: ¡di al mudo
cielo, y a las estrellas, y al sol que se levanta,
que la Tierra, con mil voces, alaba a Dios!

[1797]

EL RUISEÑOR

UN POEMA CONVERSACIONAL

Ni nube, ni reliquia del día sumergido
distingue el occidente: ni una larga y sutil
franja de luz huraña, ni matices borrosos.
Venid, descansaremos en el musgoso y viejo
puente. Ya veis abajo el fulgor de las aguas,
mas no oís el murmullo: va fluyendo en silencio
en su cauce de blando verdor. Todo está en calma,
¡noche aromada!, y aunque palidecen los astros,
pensemos en las lluvias invernales que alegran
la tierra en su verdor, y hallaremos así
placer en lo borroso que vela las estrellas.
Y ¡oíd! el Ruiseñor empieza su cantar,
«ave tan melancólica, ave tan musical».
¿Es ave melancólica? ¡Oh vano pensamiento!
En la Naturaleza no hay nada melancólico,
si no es algún noctámbulo de corazón herido
al recordar algún agravio doloroso,
o algún lento trastorno, o un amor desdeñado
(y así, pobre infeliz, llena todas las cosas
de sí mismo, obligando a todos los sonidos
amables a contar otra vez la leyenda
de su propia tristeza); él, y tales como él,
han sido los primeros en llamar a esas notas
música melancólica. Y no pocos poetas
se hacen eco de tal idea: los poetas
que erigían las rimas, cuando más les valiera
haber ido a tender su cuerpo junto a un río,
a la sombra de alguna arboleda musgosa,
bajo el sol o la luna, y bajo los influjos
de formas y sonidos de elementos cambiantes,

entregando su espíritu entero, de su canto
y su fama olvidados; de modo que su fama
pudiera tomar parte en la inmortalidad
de la Naturaleza; ¡cosa tan venerable!,
y así su canto hiciera a la Naturaleza
más deliciosa, y ellos como ella amados fueran.
Pero no será así: las doncellas y jóvenes
más poéticos, esos que sueltan los crepúsculos
primaverales, más y más hondos, en bailes
y calientes teatros, siempre llenos de mansa
comprensión, seguirán sus suspiros lanzando
por Filomela, siempre pidiendo compasión.

Amigo mío, y tú, nuestra hermana: nosotros
nos atenemos a otra tradición diferente:
¡no hemos de profanar así estas dulces voces
de la Naturaleza, llenas de amor y gozo!
Éste es el Ruiseñor alegre, que con prisa
agolpa y precipita sus deliciosas notas
en un denso gorjeo rápido: se diría
que teme que una noche de abril sea muy corta
para lanzar al aire su cántico de amor
y descargar su alma de su música entera.
Y sé de una arboleda de mucho espacio, junto
a un enorme castillo que no habitan los grandes
señores: y está todo silvestre, en sotobosque
enredado, y los rectos paseos se han borrado,
y flores y hierbajos crecen por los senderos.
Pero no he visto un sitio más rico en ruiseñores:
de lejos y de cerca, en el seto o el bosque,
sobre la ancha arboleda, responden provocándose
a cantar unos a otros, como en escaramuzas
y en pasos caprichosos, murmurando sus trinos
melodiosos y rápidos, con un solo sonido
de gorjeo profundo más dulce aún que todos;
renovando así el aire con armonía tal
que si cerráis los ojos olvidaríais casi
que ahora no es de día. A la luz de la luna,
en arbustos de hojitas apenas entreabiertas,
tal vez podríais verlos en las ramas: sus ojos
brillantes, a la vez brillantes y redondos,

resplandeciendo, mientras en la tiniebla muchas
luciérnagas encienden la antorcha del amor.

Una amable doncella que reside en su hogar
hospitalario junto al castillo, al ocaso
(tal como una señora con pasión entregada
a algo más en el bosque que a la Naturaleza),
por las sendas avanza: sabe todas sus notas,
esa amable doncella, y a menudo, un momento,
mientras quedó la luna oculta en una nube,
escuchó que una pausa de silencio se abría:
hasta que, al emerger la luna, despertó
tierra y cielo en la misma sensación, y esas aves
en vela se lanzaron a un coro ministril,
como si una galerna repentina de pronto
arrastrara cien arpas aéreas. También
vio muchos ruiseñores posándose aturdidos
en una rama en flor mecida por la brisa,
y acompasando aquel movimiento su canto
caprichoso, lo mismo que el embriagado Gozo
que con sus tambaleos sacude la cabeza.

¡Adiós, oh Gorjeante! Hasta el próximo ocaso,
y vosotros, amigos, ¡adiós, un breve adiós!
Hemos ido vagando gratamente y despacio;
ahora, a nuestros hogares queridos. ¡Esas notas,
otra vez! ¡Ojalá pudiera demorarme!
Mi niñito pequeño que, incapaz de sonido
articulado, todo lo estropea imitándolo
balbuceante, ¡cómo se pone tras la oreja
la manita y levanta el diminuto índice,
pidiéndonos que oigamos! Y está muy bien hacerle
compañero de juegos de la Naturaleza.
Él conoce la estrella de la tarde: una vez,
cuando se despertó de un humor apurado
—algún dolor interno le había suscitado
esa cosa tan rara, un sueño de niñito—
me apresuré con él a nuestra rosaleda,
y él observó la luna, y, callando en seguida,
suspendió los sollozos y se rió sin ruido,
mientras sus lindos ojos, inundados de lágrimas

sin caer, fulguraban en la amarilla luna.
Bien; ésta es una historia de padre; mas si el Cielo
me da vida, su infancia se ha de hacer familiar
con estos cantos, para que pueda ver unida
la alegría a la noche. Una vez más, adiós,
oh dulce ruiseñor, y adiós, amigos míos.

[1798]

ESCARCHA A MEDIANOCHE

La Escarcha realiza su secreto trabajo
sin ayuda de viento. El grito del mochuelo
llegó otra vez, ruidoso; óyelo tan sonoro.
Las gentes de esta casa, todos en su descanso,
me han entregado a esta soledad apropiada
para el pensar abstruso:
mi niño duerme en paz en la cuna. ¡Qué calma!
Sí, es una calma tal que perturba y humilla
a la meditación con su extremo y extraño
silencio. ¡Mar, montaña, bosque y esta poblada
aldea! ¡Mar, montaña, bosque y los incontables
sucesos del vivir, inaudibles, igual
que sueños! La sutil llama azul de mi fuego
que arde bajo, no tiembla. La única cosa inquieta
es un velo que oscila sobre el hogar de hierro.
Su movimiento, creo, en este gran silencio
natural, le concede borrosas simpatías
conmigo, que estoy vivo, haciéndolo una forma
que me acompaña, cuyos pequeños aleteos
y chasquidos mi ocioso Espíritu interpreta
según su propio estado de alma, que en todas partes
persigue de sí mismo un eco o un espejo
y convierte en juguete al Pensamiento.
                                                                Pero
¡qué a menudo, en la escuela, con la mente más crédula
y llena de presagios, yo miraba en el fuego
ese velo aleteante! Y también a menudo,
con párpados abiertos, soñaba de mi dulce
lugar de nacimiento, y el viejo campanario,
cuyas campanas, única música de los pobres,
sonaban todo el día, en la cálida fiesta,
tan dulces que un placer loco me removía
y acosaba, ¡cayendo en mis oídos como
sonidos que me hablaban de las cosas futuras!

Y así yo cavilaba la mañana siguiente,
con miedo de la grave cara de mi maestro,
con los ojos fingiendo estudiar en mi libro
neblinoso, a no ser que se abriera la puerta
un poco y yo captara un atisbo, y entonces
mi corazón saltaba, pues tenía esperanzas
de ver tras ese velo quién venía: ¡un paisano,
una hermana querida, o una tía, o mi amigo
de juegos cuando estábamos igualmente vestidos!

¡Niño mío, en tu cuna a mi lado durmiendo,
cuyos suaves alientos, en este hondo silencio,
rellenan los dispersos vacíos, momentáneas
pausas del pensamiento! Mi bello niño, al verte
mi corazón se agita con alegre ternura,
¡al pensar que tú habrías de aprender otras magias
en sitios muy diversos! Porque yo me eduqué
en la gran ciudad, preso entre sombríos claustros,
y no vi nada amable sino cielo y estrellas.
Pero tú, niño mío, andarás como brisa
por lagos y arenosas riberas, entre peñas
de la vieja montaña, debajo de las nubes
que imitan en sus formas los lagos y riberas
y las peñas del monte: así verás y oirás
las formas deliciosas y el son inteligible
de ese lenguaje eterno que pronuncia tu Dios,
que se enseña a Sí mismo desde la eternidad
en todo, y que en sí mismo muestra todas las cosas.
¡Maestro universal! Él ha de moldear
tu espíritu, y al darle le hará también pedir.

Todas las estaciones así te serán dulces,
lo mismo si el verano reviste el mundo entero
de verde, o si se posa el petirrojo y canta
entre manchas de nieve en la rama desnuda
del musgoso manzano, mientras al lado el bálago
humea en el deshielo al sol: o si las gotas
del canalón se escuchan sólo entre el viento en ráfagas,
o si el secreto oficio de la escarcha las deja
colgando en silenciosos carámbanos que brillan
calladamente al pie de la callada Luna.

[1798]

EL KHAN KUBLA

En Xanadú, el Khan Kubla decretó
alzar una solemne cúpula de placeres:
donde Alph, el río sacro, iba fluyendo
por cavernas que el hombre nunca pudo
medir, hasta llegar a un mar sin sol.
Así diez millas de terreno fértil
se ciñeron de muros y de torres:
y hubo jardines con brillar de arroyos
sinuosos, con árboles del incienso floridos;
y había en las colinas viejos bosques
envolviendo lugares de verdor soleado.

Pero ¡ah el profundo abismo romántico, bajando
al sesgo por la verde colina, entre los cedros!
¡Lugar silvestre! ¡Santo y encantado,
como en el que una vez, bajo una luna vaga,
aguardó una mujer a su amante-demonio!
De este abismo, en fermento siempre de torbellinos,
como si en apretados y rápidos jadeos
alentara la tierra, una fuente surgía
poderosa, con fuerza:
entre cuyo veloz brotar intermitente
grandes trozos de roca saltaban como en bóveda
de granizo, o el trigo que el trillador azota
con el mayal, quitándole su tamo;
y entre esas rocas, siempre brusco y fuerte,
saltaba el sacro río.
Después de cinco millas en meandros danzantes
por bosques y por valles corriendo, el río sacro
llegaba a las cavernas que nunca mide el hombre,
hundiéndose en un mar sin vida, con tumulto,
¡y en medio del tumulto Kubla oyó desde lejos
voces de antepasados profetizando guerra!
La sombra de la cúpula de placeres flotaba

a mitad de camino entre las ondas;
donde se oían los mezclados ritmos
de la fuente y las cuevas.
¡Era un raro milagro: una soleada
cúpula de placer con cavernas de hielo!
Y, un dulcémer tañendo, una doncella
vi una vez en visión: una abisinia
que, al son de su dulcémer, cantaba al monte Abora.
¡Ojalá reviviera en mi interior
su música y su canto!
Con tal hondo placer me vencería
que, con música fuerte y duradera,
podría construir en el aire esa cúpula,
¡la cúpula soleada; esas cuevas de hielo!
Y cuantos escucharan las verían allí,
y gritarían todos: ¡Mira, mira
sus ojos destellantes, su cabellera al viento!
Teje un círculo en torno de él tres veces,
y con sacro temor cierra los ojos,
porque se ha alimentado de rocío de mieles
y ha bebido la leche del Edén.

[1798]

LA RIMA DEL ANCIANO MARINERO

En siete partes

Facile credo, plures esse Naturas invisibiles in rerum universitate. Sed horum omnium familiam quis nobis enarrabit? et gradus et cognationes et discrimina et singulorum munera? Quid agunt? quae loca habitant? Harum rerum notitiam semper ambivit ingenium humanum, nunquam attigit. Juvat, interea, non diffiteor, quandoque in animo, tanquam in tabula, majoris et melioris mundi imaginem contemplari: ne mens assuefacta hodiernae vitae minutiis se contrahat nimis, et tota subsidat in pusillas cogitationes. Sed veritati interea invigilandum est, modusque servandus, ut certa ab incertis, diem a nocte, distingamus. (T. Burnet, *Archaeol [ogiae] Phil [osophicae] sive, Doctrina Antiqua De Rerum Originibus*, Libri Duo, Londini, MDCXCII, p. 68.)

(Fácilmente creo que haya diversas naturalezas invisibles en el universo de las cosas. Pero ¿quién nos contará la familia de todas estas cosas, y sus grados y parentescos y diferencias y dones peculiares? ¿Qué hacen?, ¿qué lugares habitan? El ingenio humano siempre ambicionó noticia de estas cosas, sin conseguirla nunca. Con todo eso, no desconfío de que sirva contemplar alguna vez en el alma, como en una tabla, la imagen de un mundo mayor y mejor: no sea que la mente, entregada a las minucias de la vida presente, se contraiga excesivamente, y se dedique entera a cavilaciones mezquinas. Pues hay que observar, con todo, a la verdad, siguiendo un método para que distingamos lo cierto de lo incierto, el día de la noche.)

Argumento

Cómo un Barco, después de pasar el Ecuador, fue empujado por tormentas al País frío, hacia el Polo Sur; y cómo desde allí siguió su rumbo a las latitudes tropicales del gran Océano Pacífico; y de las cosas extrañas que ocurrieron; y de qué manera el Anciano Marinero volvió a su país.

Parte I

Un anciano Marinero encuentra a tres Galanes invitados a una boda, y detiene a uno.

Un Marinero anciano
ha detenido a uno de entre tres.
«Por tu larga y gris barba, por tus ojos ful-
¿por qué ahora me paras?   [gentes,

Las puertas de la boda ya están de par en
        [par,
y yo soy el pariente más cercano del novio;
ya están los invitados; la fiesta, prepa-
        [rada:
quizá oigas desde aquí el alegre estruen-
        [do.»

Él le retiene con su flaca mano:
«Había un barco», dice.
«¡Suéltame, quita allá, loco de barba gris!»
Su mano le soltó de nuevo al punto.

El Invitado a la Boda queda hechizado por la mirada del viejo navegante, y obligado a oír su relato.

Con sus ojos fulgentes le sujeta:
se quedó el Invitado a la Boda allí quieto
oyendo como un niño de tres años:
el Marinero impuso su deseo.

Se sentó el Invitado en una piedra:
nada puede hacer ya sino escuchar:
y así habló aquel anciano,
el Marinero de ojos chispeantes.

«Cargado estaba el barco, salíamos del
pasábamos alegres   [puerto,

<table>
<tr><td>El Marinero cuenta cómo el barco zarpó hacia el Sur con buen viento y tiempo claro, hasta que alcanzó el ecuador.</td><td>

bajo la iglesia, bajo la colina,
bajo la luz del faro.

El Sol salió a la izquierda,
¡del mar se levantó!
Con claridad brilló; y a la derecha
se pondría en el mar.

Más alto iba subiendo cada día,
hasta que a mediodía estaba sobre el más-
                                            [til...»
El Invitado aquí se golpeó el pecho,
pues oía el sonido del trombón.

</td></tr>
<tr><td>El Invitado a la Boda oye la música nupcial, pero el Marinero continúa su relato.</td><td>

La novia ha entrado ya en la sala de fiesta,
roja como una rosa;
moviendo la cabeza ante ella van
los músicos alegres.

El Invitado se golpeaba el pecho,
mas no podía hacer sino escuchar,
y así siguió el anciano,
el Marinero de ojos refulgentes.

</td></tr>
<tr><td>El barco es empujado por una tormenta hacia el polo Sur.</td><td>

«Y llegó la Tormenta con su soplo
y fue fuerte y tiránica:
golpeó con sus olas dominantes
y al Sur nos persiguió.

Con inclinados mástiles y proa goteante,
como quien persiguiera con aullidos y gol-
                                            [pes,
pisándole la sombra, a su enemigo,
la cabeza inclinada hacia delante,
el barco iba de prisa, retumbaban los true-
y al Sur siempre volábamos.   [nos

Y entonces hubo a un tiempo niebla y
e hizo un extraño frío;   [nieve,
y el hielo, hasta los mástiles, pasó flotan-
verde como esmeralda.   [do al lado,

Y, a la deriva, vimos nevadas escolleras
que enviaban un lúgubre fulgor:

</td></tr>
</table>

La tierra del hielo y de sonidos espantables donde no se ve ser vivo.	ni hombres ni bestias vimos; el hielo estaba en medio. El hielo estaba aquí, el hielo estaba allá, el hielo alrededor; crujía y rezongaba, y rugía y aullaba, ¡como si el mar jurara!
Hasta que una gran ave marina, llamada el Albatros, llegó a través de la niebla de nieve, y fue recibida con gran alegría y hospitalidad.	Lejos cruzó un Albatros; a través de la niebla apareció. Como si hubiera sido algún cristiano, en el nombre de Dios le saludamos. Se comió un alimento que nunca había y alrededor voló. [visto, El hielo se partió con un gran trueno: a través nos condujo el timonel.
Y he aquí que el Albatros resulta un pájaro de buen agüero, y sigue al barco mientras éste vuelve hacia el Norte a través de la niebla y el hielo flotante.	Y un buen viento del Sur se alzó detrás: y nos siguió el Albatros: día a día, por juego o por comer, al saludo acudió de los marinos. En niebla o nube, en mástil o en velamen, se posó nueve ocasos; mientras toda la noche, en blanco humo de [niebla, refulgía la blanca claridad de la luna.»
El anciano Marinero, contra toda hospitalidad, mata al piadoso pájaro de buen agüero.	«¡Dios te salve, oh anciano Marinero, de los demonios que te acosan tanto! ¿Por qué miras así?» Con mi ballesta yo derribé al Albatros.

Parte II

El Sol salía ahora a la derecha:
salía desde el mar,
aún escondido en niebla, y a la izquierda
en el mar se ponía.

Y el buen viento del Sur nos seguía en la
mas ningún dulce pájaro seguía,   [popa,

ni, a diario, por juego o por comida,
acudía a la voz de los marinos.

Sus compañeros de tripulación claman contra el anciano Marinero por matar al ave de buena suerte.

Una cosa infernal yo había hecho,
y les traería mal;
pues era cierto, yo maté aquel pájaro
que hacía que la brisa nos llevara.
¡Desgraciado!, dijeron, por matar ese pá-
que hacía que la brisa nos soplara. [jaro

Pero cuando se aclaró la niebla, le justificaron y así se hicieron cómplices del crimen.

Ni velado ni rojo, igual que la cabeza
de Dios, se levantaba el sol glorioso:
todos vieron entonces que yo maté aquel
que traía las nieblas. [pájaro
Estuvo bien, dijeron; hay que matar los
que nos traen las nieblas. [pájaros

Continúa el buen viento; el barco entra en el Océano Pacífico y navega hacia el Norte, hasta alcanzar el Ecuador.

Soplaba buena brisa, blanca espuma sal-
 [taba,
la estela atrás quedaba, libre y sola:
éramos los primeros, de siempre, en irrum-
en ese mar callado. [pir

El barco se ha encontrado de repente en una calma.

La brisa se paró, las velas se aflojaron,
fue una cosa muy triste:
y hablábamos tan sólo por romper
el silencio del mar.

En un cielo de cobre abrasador,
el sol sangriento, a mediodía,
vertical sobre el mástil se quedaba
no mayor que la luna.

Día tras día, así, día tras día,
nos quedamos parados sin aliento:
tan ociosos como un barco pintado
en un pintado océano.

Y el Albatros comienza a ser vengado.

Agua y agua tan sólo: en todas partes
las tablas se encogían:
en todas partes, agua;
ni gota que beber.

Aun la profundidad se pudría: ¡oh Señor,
que pasara tal cosa!
Sí, unos seres viscosos agitaban las patas
sobre el viscoso mar.

En torno, en torno, en giro y en orgía,
los fuegos de la muerte danzaban por la
[noche:
el agua, como aceite de las brujas,
ardía en verde, en blanco y en azul.

Un Espíritu les
había seguido;
uno de los invisibles habitantes
de este planeta,
que no son
ni almas difuntas ni ángeles;

Y algunos en sus sueños vieron claro
qué Espíritu era aquel que así nos perse-
[guía:
a nueve brazas de hondo nos había seguido
desde la tierra de la nieve y niebla.

sobre los cuales se puede consultar al docto judío Josefo
y al platónico de Constantinopla, Michael Psellus. Son muy numerosos y
no hay clima ni elemento sin uno o más.

Y toda lengua, con la sequedad,
se secó de raíz:
hablar, ya no podíamos, como si nos hu-
ahogado con hollín.   [bieran

Los tripulantes,
en su gran apuro,
querrían echar
toda la culpa al
anciano Marinero:
en señal de lo
cual le cuelgan al

Qué día, qué miradas de maldad
recibí de los jóvenes y viejos.
En vez de cruz, llevaba yo el Albatros
colgado de mi cuello.

cuello el pájaro muerto.

Parte III

Pasó así un tiempo fatigoso. Toda
garganta estaba seca,
y los ojos vidriosos. ¡Qué tiempo de fa-
[tiga!

El anciano
Marinero observa
una señal en el
espacio, muy
lejos.

¡Cómo quedaron todas las vidriosas mi-
[radas
cuando mirando hacia el Oeste vi
en el cielo una cosa!

Una pequeña mota parecía al principio
luego un poco de niebla;
se movía y movía, hasta tomar al fin
cierta forma: lo supe.

Una mota, una niebla, una forma, ¡lo supe!
Más y más se acercaba:
igual que si esquivara un fantasma del
se hundía y se desviaba.   [agua,

<small>Al acercarse,
le parece ser un
barco; y, a costa
de alto precio,
libera su lenguaje
de las cadenas
de la sed.</small>

Con resecas gargantas, quemados labios
ni reír ni gemir pudimos ya: [negros,
mudos de sequedad habíamos quedado.
El brazo me mordí y me chupé la sangre:
grité: ¡Una vela! ¡un barco!

<small>Un destello de
alegría.</small>

Con resecas gargantas, quemados labios
pasmados me escucharon: [negros,
¡gracias a Dios!, de gozo sonrieron,
y de pronto el aliento les volvió
igual que si bebieran.

<small>Y sigue el horror.
Pues ¿es posible
que un barco
avance sin viento
ni marea?</small>

—¡Mirad, mirad! —grité— ¡ya no deriva
¡Hacia acá, en nuestra ayuda,   [más!
sin brisa, sin marea,
avanza con la quilla bien derecha!

Las olas de poniente eran todas de fuego,
ya se acababa el día:
casi en el horizonte reposaba
el sol, ancho y brillante,
cuando esa extraña forma se cruzó de
entre el sol y nosotros.   [repente

<small>Le parece sólo
el esqueleto de
un barco.</small>

Y al punto quedó el Sol con sombras de
                                    [unas barras
(¡que la Madre del Cielo nos envíe la gra-
como mirando por rejas de cárcel   [cia!),
con faz ancha y ardiente.

Ay —pensé y me latió ruidoso el corazón—
¡qué de prisa se acerca!
¿Son *sus* velas aquellas que flotan ante el
                                    [sol
como «hilos de la Virgen» en el viento?

> Y sus cuadernas se ven como barras sobre la cara del Sol poniente.
> La Mujer-Espectro y su compañera Muerte, y nadie más a bordo de ese barco esqueleto. ¡Tal barco, tal tripulación!

¿Son *sus* cuadernas ésas por las que el
como por una reja?   [Sol miró
¿Y es su tripulación entera esa Mujer?
¿Es una Muerte? ¿Hay dos?
¿Es la Muerte quien va con la Mujer?

Sus labios eran rojos; *sus* ojos, descara-
sus rizos eran de oro,   [dos;
su piel era tan blanca como lepra,
era la pesadilla de la Vida-en-la-Muerte,
que con su frío cuaja la sangre de los
            [hombres.

> La Muerte y la Vida-en-la-Muerte se han jugado a los dados a la tripulación del barco, y esta última gana al anciano Marinero.

Ese casco desnudo pasó por nuestro lado;
jugaban a los dados aquellas dos figuras
«¡Se acabó! Yo he ganado, yo he ganado»,
ella dijo, y por tres veces silbó.

> No hay crepúsculo en los ámbitos del Sol.

Se hunde el borde del Sol: las estrellas,
            [de prisa
salen; de un solo paso llega la oscuridad;
con susurro escuchado de lejos, sobre el
            [mar,
el espectro de nave se alejó disparado.

> Al salir la Luna,

¡Escuchamos mirando de medio lado arri-
            [ba!
¡Miedo en mi corazón, como en un vaso,
parecía absorber la sangre de mi vida!
Las estrellas estaban borrosas, y la noche
se espesaba: la cara del timonel blan-
            [queaba
en su luz: de las velas goteaba al rocío:
hasta que por encima de la línea de Orien-
            [te
subió la astada luna, con una sola es-
en su punta brillando.   [trella

> uno tras otro,

Uno tras otro, bajo la luna perseguida
por la estrella, sin tiempo de suspiro o
            [gemido,

cada cual se volvió con espectral punzada,
maldiciéndome al verme.

sus compañeros
de tripulación
caen muertos.

Cuatro veces cincuenta marineros
(y no escuché suspiro ni gemido)
con un pesado golpe, en un bulto sin vida,
se fueron desplomando uno tras otro.

Pero Vida-en-la-
Muerte empieza a
obrar en el an-
ciano Marinero.

Las almas escaparon volando de sus cuer-
a bienaventuranza o aflicción.   [pos,
Y cada alma pasó junto a mí, igual
que el zumbido al tirar con mi ballesta.

Parte IV

El Invitado a
la Boda teme que
sea un Espíritu
quien le habla;

«¡Te tengo miedo, anciano Marinero,
temo tu flaca mano!
Eres largo, eres flaco y eres pardo,
como la arena de la mar en surcos.

Te tengo miedo, temo tu mirada chis-
[peante
y tu mano, tan flaca y tan tostada...»

pero el anciano
Marinero le da
seguridades
sobre su vida
corporal, y con-
tinúa relatando
su horrible pe-
nitencia.

No tengas miedo tú, Invitado a la Boda:
allí este cuerpo no se desplomó.

¡Solo, solo del todo,
solo en un ancho mar!
No sintió ningún santo compasión
de la angustia de mi alma.

Desprecia a las
criaturas del mar
en calma,

¡Tantos hombres hermosos!
Todos quedaron muertos:
y mil y mil viscosos animales
siguieron vivos, y lo mismo yo.

y les envidia
que vivan, con
tantos hombres
muertos.

Miré el mar putrefacto,
y aparté la mirada:
miré la putrefacta cubierta de la nave
y allí yacían muertos los marinos.

Miré al cielo, y traté de rezar: pero
en vez de una oración desbordada, un su-
[surro

maligno, me dejó
el corazón tan seco como el polvo.

Los párpados cerré, bien apretados;
los globos de los ojos latían como pulsos:
pues el cielo y el mar, y el mar y el cielo
como una carga estaban en mis cansados [ojos
y los muertos estaban a mis pies.

Pero la maldición vive para él en los ojos de los muertos.

Brotaba un sudor frío fundido de mis
[miembros,
y no se corrompían y no hedían:
la mirada final que me lanzaron
seguía estando allí.

La maldición de un huérfano arrastra has-
[ta el infierno
a un espíritu, desde lo más alto:
pero ¡ay! es más horrible
la maldición de un muerto en su mirada.
Siete días y noches yo vi esa maldición,
mas no pude morir.

En su soledad y obsesión eleva sus anhelos hacia la Luna viajera, y las estrellas que siempre permanecen, pero siempre avanzan, y el cielo azul les pertenece por entero, y es su descanso prefijado, y su país natal y su hogar natural, donde entran sin avisar, como señores que son esperados con certidumbre, y sin embargo, hay una alegría silenciosa cuando llegan.

La luna en movimiento subía por el cielo
sin detenerse nunca en ningún sitio;
suavemente subía,
por una estrella o dos acompañada:

sus rayos se burlaban del océano salobre
extendidos igual que la escarcha de abril;
pero donde quedaba la ancha sombra del
[barco
el hechizado mar seguía ardiendo
con un quieto y temible color rojo.

A la luz de la luna observa las criaturas de Dios en la gran calma.

A la sombra del barco
vi las serpientes de agua
moviéndose en estelas de refulgente blanco,
y al erguirse, la luz fantasmal se caía
como en canosos copos.

En la sombra del barco
miré su rico atuendo:
azul, verde brillante, negro aterciopelado,
nadando, se enroscaban: cada estela
era un destello de dorado fuego.

<small>Su belleza y
su felicidad.</small>

¡Felices seres vivos! No hay lengua que
declarar su belleza: [pudiera
una fuente de amor brotaba de mi pecho

<small>Las bendice en
su corazón.</small>

y sin darme bien cuenta las bendije:
sin duda mi benigno santo se me apiadó
y sin darme bien cuenta las bendije.

<small>El hechizo
empieza a
romperse.</small>

En ese mismo instante, rezar pude:
y de mi cuello libre
se desprendió el Albatros y se hundió
como plomo en el mar.

Parte V

¡Ah sueño! ¡Es cosa amable,
de polo a polo amado!
¡Sea alabada la Reina María!
Ella envió del cielo el dulce sueño
que se deslizó en mi alma.

<small>Por la gracia
de la Madre
santa, el anciano
Marinero es re-
frescado por una
lluvia.</small>

Los inútiles cubos en cubierta,
tanto tiempo dejados,
soñé que se llenaban de rocío
y al despertar, llovía.

Hallé mis labios húmedos y fresca mi gar-
 [ganta,
empapadas estaban mis ropas por entero;
seguro que en mis sueños había yo be-
y aún bebía mi cuerpo. [bido,

Me moví, sin poder sentir mis miembros,
tan ligero yo estaba:
casi pensé que había muerto mientras dor-
y era un beato espíritu. [mía

> Oye sonidos y ve extrañas visiones y movimientos en el cielo y el espacio.

Y pronto oí cómo rugía el viento:
no se me acercó a mí:
pero con su sonido, las velas sacudió,
que estaban tan gastadas y delgadas.

¡El aire de la altura estalló en vida,
y cien banderas fúlgidas de fuego
de un lado para otro iban de prisa!
De un lado para otro, entraban y salían,
y las estrellas pálidas danzaban por en me-
[dio.

Y el viento que llegaba rugía con más
[ruido,
las velas suspiraban como un campo de
[espigas,
y de una sola nube negra caía lluvia.
La luna era tan sólo un leve filo.

La densa nube negra se partió, y todavía
la luna estaba al lado:
como aguas disparadas desde lo alto de un
[risco,
sin abrir desgarrón, descendió el rayo,
un río ancho y abrupto.

> Los cadáveres de los tripulantes reciben espíritu y el barco sigue avanzando.

Ese ruidoso viento nunca llegó hasta el
[barco,
¡y sin embargo, ahora el barco iba ade-
Bajo el rayo y la Luna   [lante!
los muertos emitieron un gemido.

Gimieron, se movieron, se incorporaron
sin hablar ni mover   [todos,
los ojos: era extraño, incluso en sueños,
haber visto esos muertos levantarse.

El timonel guió el barco en movimiento:
pero no sopló brisa;
los marineros fueron a las jarcias de
como era su costumbre: [nuevo,
levantaron sus miembros como útiles sin
[vida:
como tripulación espectral allí estábamos.

El cadáver del hijo de mi hermano,
con sus rodillas junto a las mías, se irguió:
el cadáver y yo tirábamos del mismo
cable, pero sin que él dijera nada.

Pero no por las almas de los hombres, ni por demonios de la tierra o de en medio del aire, sino por un bienaventurado tropel de espíritus angélicos, enviados desde lo alto por la invocación del santo guardián.

«¡Te tengo miedo, anciano Marinero!»
¡Puedes estar tranquilo, Invitado a la
                                        [Boda!
No era que aquellas almas que con dolor
volvieran a sus cuerpos,   [huyeron
sino un tropel de espíritus benditos.

Pues cuando amaneció, con los brazos caí-
alrededor del mástil se agolparon: [dos,
lentamente salieron de sus bocas sonidos
dulces y de sus cuerpos se marcharon.

Alrededor volaba todo dulce sonido,
hacia el sol disparándose después:
los sonidos volvían lentamente,
mezclados o tal vez uno por uno.

Alguna vez, cayendo desde el cielo,
oí cantar la alondra:
todos los pajarillos de este mundo, otras
parecían llenar el mar y el aire   [veces,
con dulce algarabía.

Y ahora todo era sonoros instrumentos,
ahora como una flauta solitaria,
ahora el canto de un ángel
que enmudece los cielos.

Cesó, pero las velas aún siguieron haciendo
un placentero ruido hasta ese mediodía:
un ruido como de un arroyo oculto
entre el verdor de junio,
que a los bosques dormidos canta toda la
    una canción callada.   [noche

Seguimos navegando hasta aquel mediodía
en paz, pero jamás una brisa sopló:
lento y suave iba el barco
movido desde abajo hacia delante.

> *El solitario Espíritu del Polo Sur sigue llevando el barco hasta el Ecuador, en obediencia al tropel angélico, pero sigue requiriendo venganza.*

Bajo la quilla, nueve brazas de hondo,
desde la tierra de la nieve y niebla,
se deslizaba aquel espíritu; y él era
quien hacía marchar nuestro bajel.
Mas dejaron su son a mediodía
las velas y también el barco quedó quieto.

El Sol, encima mismo del mástil, lo tenía
sujetado al océano:
pero al cabo de poco a moverse volvió
con una sacudida inquieta y breve.
Hacia atrás y adelante, la mitad de su
                                            [largo,
con una sacudida inquieta y breve.

Luego como un caballo piafante se movió,
dio un salto repentino
que me agolpó la sangre en la cabeza
y caí desmayado.

> *Los demonios compañeros del Espíritu Polar, invisibles habitantes del espacio, toman parte en su agravio, y dos de ellos se relatan, el uno al otro, que una larga y pesada penitencia para el Marinero había sido impuesta por el Espíritu Polar, el cual regresa hacia el Sur.*

Cuánto tiempo yací en aquel ataque,
no puedo declarar:
pero antes de volverme la vida de verdad,
oí, en mi alma distintas,
dos voces en el aire.

«¿Es él? una decía; ¿es éste el hombre?
Por el que murió en cruz,
con su ballesta cruel él derribó
al inocente albatros.

El espíritu aquel que reina por sí solo
en el país de la nieve y la niebla,
amaba al pájaro que amaba al hombre
que le mató con su arco.»

La otra, una voz más suave,
suave como la miel,
dijo: «Este hombre ha cumplido peniten-
y aún tiene que hacer más.»   [cia,

Parte VI

Primera voz

«Mas dime, dime tú, vuélveme a hablar,
en tu suave respuesta continuando,
¿qué hace avanzar el barco tan de prisa?
¿qué es lo que hace el océano?»

Segunda voz

«Quieto como un esclavo ante su dueño,
el mar no tiene furia,
su gran ojo brillante, bien callado,
en la luna está fijo:

para saber a dónde irá, pues ella
le guía, tanto liso cuanto airado.
¡Hermano, ve la luna, con qué gracia
desde lo alto le mira!»

Primera voz

El Marinero ha entrado en trance; pues el poder angélico hace que el barco avance hacia el Norte más de prisa de lo que podría soportar la vida humana.

«¿Pero por qué tan rápido empuja a ese
sin olas y sin viento?»   [navío

Segunda voz

«El aire se divide por delante
y por detrás se cierra.

Hermano, vuela, más alto, más alto;
o se nos hará tarde:
porque lento, muy lento, irá el bajel
cuando salga del trance el Marinero.»

El sobrenatural movimiento se ve refrenado; el Marinero despierta, y empieza otra vez su penitencia.

Desperté, y avanzábamos
como con tiempo amable:
era de noche, en calma, alta estaba la
                                    [luna;
y los muertos se erguían allí juntos.

Se erguían todos juntos, en cubierta, más
                                [aptos
para algún calabozo, fosa común a un
                                [tiempo:

La maldición y espasmo de su muerte
allí estaban aún:
no podía apartar mis ojos de los suyos,
ni apartarlos rezando.

<small>La maldición
queda expiada
al fin.</small>

Y entonces se rompió ese hechizo: otra vez
observé el verde océano,
y a lo lejos miré, pero vi poco
de lo que se veía fuera de eso:

como el que, en un camino solitario
camina con temor
y una vez que ha mirado continúa adelante
sin volver la cabeza:
pues sabe que un demonio terrorífico
le pisa los talones.

Mas pronto sopló un viento sobre mí,
sin ruido o movimiento:
su camino no estaba sobre el mar,
en oleaje o sombra.

El pelo me erizó, aireó mi mejilla,
como una ráfaga de primavera,
se mezcló extrañamente con mis miedos,
pero yo lo notaba como una bienvenida.

Velozmente, veloz, volaba el barco,
mas navegando en calma:
velozmente, veloz, soplaba aquella brisa:
sólo soplaba en mí.

<small>Y el anciano
Marinero observa
su país natal.</small>

¡Oh sueño de alegría! ¿es de verdad
el extremo del faro lo que veo?
¿Es el cerro? ¿es la iglesia?
¿es mi querida patria?

A la deriva entramos por la barra del
y recé sollozando: [puerto,

«Déjame estar despierto, oh Dios mío, o,
[si no,
déjame que me duerma para siempre.»

El puerto se veía claro como el cristal,
extendiéndose suave,
con el claro de luna en la bahía
y las sombras de luna.

La roca refulgía, y no menos la iglesia
que está sobre la roca:
la luna con su luz empapaba en silencio
la tranquila veleta.

<small>Los espíritus angélicos dejan los cuerpos muertos, y aparecen con sus propias formas de luz.</small>

El puerto estaba blanco de silenciosa luz,
hasta que, levantándose de su agua,
muchas y muchas formas que eran som-
vinieron, con colores carmesíes.   [bras,

A una breve distancia de la proa
estaban esas sombras carmesíes:
y volví la mirada a la cubierta
y ¡oh Dios, lo que allí vi!

Estaban los cadáveres tendidos y sin vida,
y ¡por la santa cruz!
un hombre todo luz, un serafín se erguía
sobre cada cadáver.

Todos los de esa banda seráfica agitaban
la mano: ¡qué visión tan celestial!
Se erguían como haciendo señales a la
una luz amorosa cada cual;   [tierra,

esa banda seráfica movía así la mano,
sin oírse una voz:
sin voz, pero el silencio se posó
como la música en mi corazón.

Pero pronto escuché chapoteo de remos,
y la voz del Piloto:
a la fuerza volví la cara y vi
un bote aparecer.

El piloto y el mozo del piloto,
les oía llegar de prisa: ¡oh Dios del cielo!
era un gozo que aquellos muertos no me
[quitaban.

Vi a un tercero venir: oí su voz:
¡es el buen Ermitaño!
Canta con fuerte voz devotos himnos
que compone en el bosque.
Él purificará mi alma y me lavará
la sangre del Albatros.

Parte VII

El Ermitaño del Bosque,

El Ermitaño vive en ese bosque
que al mar baja en declive:
¡con qué vigor usa su dulce voz!
Le gusta hablar con tantos marineros
como llegan de exóticos países.

Al alba, a mediodía, al ocaso se suele
arrodillar: tiene un blando cojín:
el musgo que recubre por completo
el podrido tocón del viejo roble.

El bote se acercaba: yo les oía hablar.
«¡Qué raro es eso, cierto!
¿Dónde están esas luces, tantas y tan her-
que hacían las señales?»   [mosas,

se acerca al barco con asombro.

«¡Es raro, a fe! —decía el Ermitaño—,
¡y no nos respondieron al saludo!
Las cuadernas están deformadas: las velas
¡qué gastadas están!

No he visto nada así
salvo los esqueletos
parduscos de las hojas que se agolpan
al lado del arroyo de mi bosque;
cuando la yedra está llena de nieve
y la lechuza chilla abajo al lobo
que se come los hijos de la loba.»

«¡Dios! parecía cosa del demonio
—le contestó el Piloto—.
Tengo miedo.» «¡Adelante!»,
le contestó, animoso, el Ermitaño.

El bote se acercaba más al barco
pero no hablaba yo ni me movía;
el bote se acercó hasta el pie del barco,
y se escuchó un gran ruido.

<small>El barco se hunde de repente.</small>

Seguía retumbando bajo el agua,
más fuerte cada vez y más temible:
llegó al barco, partió en dos la bahía:
y el barco, como plomo, se fue a pique.

<small>El anciano Marinero es salvado en el bote del Piloto.</small>

Aturdido del ruido aterrador,
que hería el mar y el cielo,
como quien lleva ahogado siete días
mi cuerpo quedó a flote;
pero veloz como los sueños, muy pronto
me desperté en el bote del Piloto.

Sobre aquel remolino, donde se hundió
el bote daba vueltas: [la nave
todo estaba en silencio, salvo el eco
que de aquel ruido daba la montaña.

Moví los labios: dio un grito el piloto
y cayó en un ataque;
el piadoso Ermitaño alzó los ojos
y rezó sin moverse.

Tomé entonces los remos: el mozo del
que hoy anda loco por ahí, rió   [Piloto
fuerte y largo, y sus ojos
daban vueltas y vueltas.
«¡Ja, ja —dijo— ya veo
que el Diablo rema bien!»

¡Y ahora, en mi propia tierra,
ya estaba en tierra firme!
Desembarcó del bote el Ermitaño
y apenas si podía estar de pie.

> *El anciano Marinero ruega con empeño al Ermitaño que le absuelva; y sobre él cae la penitencia de la vida.*

«¡Absuélveme, santo hombre!»
El Ermitaño se quedó ceñudo.
«Di pronto —dijo— dime, te lo mando:
¿qué clase de ser eres?»

Se retorció mi cuerpo, en ese instante,
con dolorosa angustia,
que me obligó a contar toda mi historia;
y después me dejó libre de pena.

> *Y para siempre, a través de su futura vida, una angustia le obliga a viajar de país en país;*

Desde entonces, en horas imprevistas,
esa angustia me vuelve:
y hasta que no se cuente mi relato espec- [tral,
me quema el corazón.

Paso, como la noche, de país en país;
tengo un poder extraño de lenguaje;
desde el momento en que su rostro veo
sé quién me debe oír:
a él le cuento mi historia.

¡Qué estrépito sonoro sale de aquella puer- [ta!
ya están los invitados a la boda:
la novia y sus doncellas ahora están can- [tando
en el jardín, dentro del cenador:
y oíd la campanita de las vísperas
que a la oración me llama!

¡Oh Invitado a la Boda! Esta alma estuvo
sola en un ancho mar: [sola,
tan sola estuvo que hasta el mismo Dios
apenas parecía estar allí.

Más dulce que el festín matrimonial,
es para mí más dulce
penetrar en la iglesia
en buena compañía.

¡A la iglesia entrar juntos,
y rezar todos juntos,
ante el gran Padre todos inclinados,
los viejos y los niños, los amigos queridos
y muchachas y jóvenes contentos!

y a enseñar
por su propio
ejemplo, a amar
y reverenciar
todas las cosas
que Dios hizo
y ama.

Adiós, adiós, pero esto sí te digo,
Invitado a la Boda:
reza bien quien bien ama
al hombre como al ave y a la bestia.

Reza mejor quien ama
mejor todas las cosas, sean grandes o chi-
el buen Dios que nos ama   [cas;
nos hizo y ama a todos.

El Marinero de mirada fúlgida
y barba encanecida con los años,
se fue: y el Invitado
se apartó de la puerta de la boda.

Se fue como aturdido,
se fue como extraviado en sus sentidos:
más triste y más juicioso
se levantó otro día.

[1798]

ABATIMIENTO: UNA ODA

> Ayer, muy tarde, vi a la Luna nueva
> llevar la Luna vieja entre sus brazos,
> y me temo, me temo, Amo querido,
> que tengamos una mortal tormenta.
>
> *Balada de Sir Patrick Spence*

I

¡Bien! Si el Bardo era bueno en predecir el tiempo,
el que hizo la balada vieja de Patrick Spence,
esta noche, tranquila ahora, no se irá
sin que la agiten vientos, que están más ocupados
que aquellos en su nube, en copos perezosos,
o el leve aura en sollozos que gime y se despeina
en las cuerdas del arpa eólica, que fuera
mejor que se callara.
Pues ved la luna nueva con claridad de invierno,
toda ella recubierta de una luz fantasmal
(de flotante fulgor fantasmal toda envuelta,
pero con cerco en torno, de unas hebras plateadas);
en su regazo veo así a la Luna vieja
prediciendo la lluvia y una tormenta en rachas.
¡Y ojalá que ahora mismo la ráfaga se hinchara
y el oblicuo aguacero nocturno resonase!
Tales sones que tanto me elevaron, a un tiempo,
infundiéndome un ánimo de respeto, y enviando
mi alma hacia lo lejano, quizá ahora podrían
dar su impulso de siempre; ¡podrían agitar
esta pena en sopor, moviéndola a vivir!

II

Dolor sin un espasmo, vacío, oscuro, grave,
sofocado dolor, aturdido, impasible,

sin hallar desahogo ni alivio natural
en palabra, o suspiro, o lágrima —¡oh, Señora!—,
en este estado de ánimo, macilento y sin vida,
seducido por ese tordo hacia otros pensares,
toda esta larga tarde, tan calma y perfumada,
ha estado contemplando el cielo de poniente
con ese peculiar matiz verde amarillo:
y contemplando sigo ¡con qué ojos tan sin nada!
Las altas nubecillas, en cúmulos y líneas,
que revelan y entregan su marcha a las estrellas;
las estrellas que brillan entre ellas o detrás,
ya chispeantes, ya tenues, pero siempre visibles:
esa luna en creciente, fija, como creciendo
en su lago de azul, sin nubes, sin estrellas:
esas cosas las veo tan claras, tan hermosas,
las veo, pero no siento qué bellas son.

III

El ánimo jovial me falla: ¿cómo pueden
estas cosas servirme para elevar del pecho
el peso que me ahoga?
Intento vano fuera,
aun poniendo los ojos para siempre
en aquella luz verde demorada a poniente;
yo no puedo esperar obtener de las cosas
exteriores pasión y vida, si sus fuentes
están dentro de mí.

IV

¡Señora! recibimos tan sólo lo que damos,
y la Naturaleza en nuestra vida sólo
vive: ¡es nuestro su manto de boda y su mortaja!
Si algo queremos ver de más alta valía
que lo que nuestro frío e inanimado mundo
concede a la infeliz gente ansiosa y no amada,
ah, desde el alma misma habrían de brotar
una luz, una gloria, una nube brillante
que envolviera la Tierra:

y desde el alma misma debería surgir
una voz fuerte y dulce, nacida de ella misma,
¡la vida, el elemento de todo dulce son!

V

¡Pura de corazón! ¡Tú no has de preguntarme
qué puede ser la música fuerte que hay en el alma;
qué es y de dónde existe esta luz, esta gloria,
esta hermosa neblina luminosa, este bello
poder que da belleza! ¡Oh virtuosa Señora,
alegría! Alegría como sólo a los puros
se dio, en su hora más pura; la Vida y el rebose
de la Vida, que es nube y es lluvia al mismo tiempo;
alegría, Señora; es la fuerza, el espíritu
que la Naturaleza, haciendo matrimonios,
nos da en dote: una nueva Tierra y un nuevo Cielo,
que no pudo soñar el sensual ni el soberbio.
Alegría es la dulce voz, la nube fulgente,
¡hallamos alegría sólo en nosotros mismos!
Y de ahí mana cuanto encanta oído o vista,
todas las melodías son ecos de esa voz,
todo color, reflejo de esa luz.

VI

Hubo un tiempo en que, aunque mi sendero era duro,
esta alegría en mí charlaba con la pena,
y todas las desdichas sólo eran la materia
de que la Fantasía me hizo sueños felices:
pues la esperanza en torno de mí crecía, como
la viña que se enreda, y las hojas y frutos
me parecían míos, sin serlo. Pero ahora
las aflicciones me hacen inclinarme a la tierra:
no me importa que vengan a robarme mi júbilo,
pero, ay, cada visita del desastre suspende
lo que Naturaleza me dio por nacimiento,
el conformante espíritu de mi Imaginación.
Pues no pensar en cuanto por fuerza he de sentir,
sino estar en silencio y en calma, cuanto pueda,

y acaso, con abstrusa búsqueda, de mi propia
entidad robar todo el hombre natural,
ése era mi recurso único, mi plan único,
hasta que lo que va bien a una parte afecte
al todo, y casi se ha hecho el hábito de mi alma.

VII

¡Marchaos, pensamientos víboras, enroscados
en mi mente, sombrío sueño de realidad!
De vosotros me vuelvo, escuchando hacia el viento
que con furia ha soplado mucho sin ser oído.
¡Qué chillido de angustia, que la tortura alarga,
ese laúd lanzó! Viento, furioso ahí fuera,
riscos del monte, lago, o árbol que partió el rayo,
pinos a donde nunca el leñador subió,
casa sola, de siempre creída hogar de brujas,
creo que hubieran sido mejores instrumentos
para ti, laudista, que, en este mes de lluvias,
de jardines oscuros y flores que se asoman,
haces la Navidad del Diablo, con canciones
peores que invernales, que dejan entre medias
los capullos, las flores y las tímidas hojas.
¡Tú, Actor perfecto en todo sonido de tragedia!
¡Tú, gran Poeta, osado aun hasta la locura!
¿Qué dices de esto tú?
Esto es el agolparse de una hueste en derrota,
con ayes de soldados helados y pisados,
que gritan de dolor y tiritan de frío.
Pero ¡silencio! ¡Hay una pausa de hondo silencio!
Y el ruido, todo, como de una masa en tropel,
con gemidos y trémulos escalofríos, todo
se acabó; ¡cuenta ahora otro cuento, sonando
menos hondo y ruidoso! Un cuento de menor
espanto, y con deleites templado: tal un canto
tierno del propio bardo Otway; es la canción
de una niñita, en medio de un yermo solitario,
no lejos de su casa, pero que se ha extraviado;
y a veces gime, bajo, con dolor y temor,
y a veces grita, fuerte, para que oiga su madre.

VIII

Es medianoche, pero poco pienso en dormir:
ojalá que mi amiga no vele así a menudo.
Ve a verla, amable sueño, con alas saludables,
y ojalá esta tormenta sea un parto de montes,
y las estrellas pendan claras sobre su casa,
¡mudas como velando a la tierra dormida!
Con corazón ligero se levante,
con fantasía alegre, con ojos animosos;
que la alegría eleve su voz y su voz temple;
que viva para ella todo, de polo a polo,
rodeando en remolino el vivir de su alma.
¡Oh espíritu sencillo, guiado desde lo alto!
Señora amada, amiga de que soy más devoto,
así puedas tú siempre alegrarte, por siempre.

[1802]

LOS DOLORES DEL SUEÑO

Antes de deponer mis miembros en el lecho
no he llegado a tener costumbre de rezar
doblando las rodillas o moviendo los labios;
sino calladamente, en lentas gradaciones,
mi espíritu dispongo hacia el Amor;
con humilde confianza los párpados entorno,
con una reverente resignación: sin nada
de concebir deseos ni expresar pensamientos,
sólo con un sentido suplicante:
un sentido grabado en toda mi alma
de que soy débil, sí, mas no sin bendiciones,
puesto que en mí, y en torno de mí, y en todas partes,
están la Eterna Fuerza y la Sabiduría.

Pero anoche recé en voz alta, sí,
con angustia agoniosa, levantándome
con sobresalto de esa multitud demoníaca
de formas y de ideas que me daban tormento:
una morbosa luz, una turba pisándome,
la sensación de un daño intolerable,
¡y a quién desprecié yo, a los únicos fuertes!
¡Una sed de venganza, la voluntad inerme
aún desconcertada, pero aún siempre ardiendo!
¡El deseo mezclado con odio, extrañamente,
aferrándome a objetos odiosos o salvajes!
¡Fantásticas pasiones! ¡Riña enloquecedora!
¡Y vergüenza y terror por encima de todo!
¡Hechos para ocultar, que no estaban ocultos;
de que, todos confusos, no podía saber
si los sufría yo o si los hice yo:
pues todo parecía culpa, remordimiento,
o dolor: igual todo, mío o de los demás,
temor que ahoga vida, vergüenza ahogando el alma!

Dos noches transcurrieron así: el horror nocturno
hacía triste y sordo al día que llegaba.
El sueño, bendición ancha, me parecía
ser la calamidad peor de mi trastorno.
En la tercera noche, cuando mis fuertes gritos
me habían despertado del sueño demoníaco,
abrumado de extraños y locos sufrimientos,
lloré como si hubiera sido un niño pequeño;
y habiendo así amansado con lágrimas mi angustia
suavizándome el ánimo, dije: Tales castigos
debieran aplicarse a las naturalezas
más a fondo manchadas de pecado:
para siempre, de nuevo, levantando en tormenta
el insondable infierno en su interior,
a la vista poniendo sus horribles acciones,
¡para verlas y odiarlas, mas desearlas y hacerlas!
Tal aflicción va bien a personas así,
pero ¿por qué, por qué en mí han de recaer?
Ser amado es lo único que necesito yo,
y a quien amo, de veras le sé amar.

[1803]

VIDA HUMANA

Sobre la negación de la inmortalidad

Si dejamos de ser al morir: si lo oscuro
total devora el breve destello de la vida
para siempre, el destino nuestro es el de las ráfagas
del verano, con súbito nacimiento y final,
cuyo sonido y cuyo movimiento no sólo
expresan, sino son su ser, sin nada más.
Si el aliento es la Vida misma, y no su tarea
y su tienda; si un alma cual la de Milton puede
conocer qué es morir: ¡oh tú el hombre!, bajel
sin destino, que nadie mueve con su intención,
aunque colmena extraña de zánganos, zumbante
de espectrales propósitos; tú, excedente y rebose
de la temible acción de la Naturaleza,
que, mientras observaba, un recipiente casi
concluido, despacio, retirándose, en pausa
pensativa, formó con sus manos inquietas
sin darse cuenta; ¡tú, accidente vacío,
anomalía de la nada! Si tu estado
es así, sin raíces, sin sustancia, ve, y pesa
tus sueños, y que estén tus miedos y esperanzas
en el otro platillo. Tus lágrimas y risas
no significan nada en ellas mismas sólo,
más apta cada cual para crear y para
ser pago de la otra. ¿Por qué se regocija
tu corazón con gozo hueco por un bien hueco?
¿Por qué esconder tu rostro en capucha de luto?
¿Por qué desperdiciar tus suspiros, tus quejas,
Imagen de una Imagen, Espectro de un Fantasma
espectral; que una cosa como tú sienta frío
o calor? Porque ¿cuál, de dónde es tu ganancia,
si sólo ahorras esas sombras, que nada cuestan,
de tu yo todo sombra? ¡Puedes estar alegre,

o triste, o nada de eso; pretender o evitar!
¡Tú no tienes motivo! No lo puedes tener:
la esencia de tu ser es la contradicción.

[1815]

A LA NATURALEZA

Cierto que puede ser fantasía si yo
quiero sacar de todas las cosas de este mundo
gozo interior profundo que las ciña apretado;
y rastrear en hojas y flores, que me envuelven,
lecciones de cariño y de piedad sincera.
Sea así: y aunque el ancho mundo resuene en burla
de tal creencia, a mí no me trae temor,
ni me trae dolor, ni perplejidad vana.
Así voy a elevar mi altar entre los campos,
y será el cielo azul mi cúpula policroma,
y la dulce fragancia que da la flor silvestre
será todo el incienso que te ofreceré a Ti,
a ti, mi único Dios, que no despreciarás
ni aun a mí, sacerdote del pobre sacrificio.

[1815 o 1820]

BYRON

MANFRED

Acto I, Escena I

Manfred, *solo. Lugar: una galería gótica.
Hora: medianoche.*

Manfred. Hay que llenar la lámpara otra vez: aun así
no arderá tanto tiempo como debo velar:
mi dormitar —si es esto dormitar— no es dormir
sino proseguir siempre el pensar sin desmayo,
que resistir no puedo: en mi corazón hay
una vigilia, y estos ojos sólo se cierran
para mirar adentro: pero vivo y ostento
el aspecto y la forma de los hombres que alientan.
El dolor debería instruir a los sabios:
la tristeza es saber: pero los que más saben
han de tener más luto por la verdad fatal;
el Árbol del Saber no es Árbol de la Vida.
Filosofía y ciencia, las fuentes del asombro
y la sabiduría del mundo ya he probado,
y en mi mente hay potencia capaz de someterle
todo eso. Pero no me sirven: he hecho el bien
a algunos, y he encontrado buenos incluso entre hom-
[bres,
pero no me ha servido: el bien o el mal, la vida,
poder, pasiones, cuanto veo en los demás seres,
han sido para mí como lluvia en la arena,
desde aquella innombrable hora. No tengo miedo,
siento la maldición de no tener temor
natural, ni el latir trémulo de esperanzas
o deseos, o acechos de amar algo en la tierra.
Ahora a mi tarea. ¡Potencia misteriosa!
¡Espíritus del ancho Universo sin límites,
a quienes en lo oscuro y en la luz he buscado;
vosotros que abrazáis la tierra y residís

en más sutil esencia; que hacéis vuestra morada
en las cimas de montes inaccesibles; para
quienes son familiares las cavernas del mar
y la tierra: os convoco por el conjuro escrito
que me da poder sobre vosotros: ¡levantaos! *(Pausa.)*
¡Apareced! No vienen. Pues por la voz del que es
primero entre vosotros, por el signo que os hace
temblar, por los derechos del que no muere, ¡alzaos!
¡Apareced! *(Pausa.)*
    Si es eso... Espíritus del aire
y la tierra, no vais a escaparos de mí:
por un poder más hondo que todo lo invocado,
un hechizo tirano que nació en una estrella
condenada, el ardiente residuo del naufragio
de un mundo demolido, un infierno que yerra
por el espacio eterno: por la maldición dura
que hay en mi alma, por ese pensamiento que está
dentro de mí, y en torno de mí; os obligo yo
a cumplir mi deseo: os mando: ¡Apareced!
(Se ve una estrella en el extremo más oscuro de la galería: está quieta, y se oye una voz que canta...)
.   .   .   .

Los Siete Espíritus

¡Tierra, océano y aire, noche, montañas, vientos,
y tu estrella, aquí estamos a tus órdenes, Hijo
del Barro! A tu mandato, ante ti sus espíritus
están. Di qué nos quieres, ¡hijo de los mortales!
MANFRED. El olvido...
PRIMER ESPÍRITU.   ¿De qué, de quién, por qué?
MANFRED.   De aque-
que está dentro de mí: leedlo allí sabéis   [llo
lo que es, y yo no puedo pronunciarlo.
ESPÍRITU.   Podemos
darte tan sólo aquello que poseemos: pídenos
súbditos, realeza, poder sobre la tierra
—por entero, o en parte—, o un signo que domine
todos los elementos de que somos los dueños;
todo eso será tuyo.
MANFRED.   ¡El olvido, el olvido

de mí mismo! ¿No podéis arrancarlo
de los ocultos reinos si ofrecéis cuanto pida?
Espíritu. No está en nuestras esencias, en nuestra habi-
pero... puedes morir. [lidad;
Manfred. ¿Me lo dará la muerte?
Espíritu. Nosotros, inmortales, no olvidamos: eternos
somos; para nosotros el pasado es presente,
lo mismo que el futuro. ¿Te basta esta respuesta?
Manfred. Os burláis de mí: pero el poder que hasta aquí
os trajo, os hizo míos. ¡Esclavos, no os burléis
de mi querer! Mi mente, mi espíritu, mi chispa
prometeica, el relámpago de mi ser son tan claros,
como los vuestros, tan claros, tan invasores,
tan lejos disparados. ¡Y no cedo a vosotros,
aunque en cárcel de barro!
Respóndeme, o tendré
que enseñarte quién soy.
Espíritu. Respondemos como antes:
nuestra respuesta está en tus propias palabras.
Manfred. ¿Por qué?
Espíritu. Si, como dices, tienes la misma esen-
que nosotros, ya te hemos respondido al decirte: [cia
que lo que los mortales llamáis Muerte no es nada
en común con nosotros.
Manfred. Entonces, os llamé
en vano desde vuestros reinos: pues no podéis
o no queréis prestarme ayuda.
Espíritu. Dime: cuanto
tenemos te ofrecemos; es tuyo: reflexiona
antes de despedirnos: vuelve a pedir; un reino,
dominio, fuerza, largos días...
Manfred. ¡Maldito seas!
¿qué me importan los días? Son demasiado largos
ya. ¡Fuera! ¡Vete!
Espíritu. Espera: ya que estamos aquí,
nuestra voluntad quiere rendirte algún servicio;
piensa: ¿no hay otro don que podamos hacerte,
no indigno ante tus ojos?
Manfred. No, no lo hay: pero espera,
antes de separarnos, un momento. Querría
miraros cara a cara. Escucho vuestras voces,
dulces y melancólicas, como música en aguas:

veo el brillo constante de una estrella fulgente,
nada más. Acercaos tal como sois, a mí,
uno o todos, en vuestras formas acostumbradas.
Espíritu. No tenemos más forma que de los elementos
de que somos principio y muerte: pero elige
una forma, y en ésa hemos de aparecer.
Manfred. No puedo elegir: no hay una forma en la tierra
para mí fea o bella. Tome el más poderoso
de vosotros la forma que él encuentre más apta.
¡Ven!
Séptimo Espíritu. *(Apareciendo en forma de una bella figura femenina.)*
    Observa!
Manfred.   ¡Oh, Dios! Si esto es así, y si tú
no eres una locura y una burla, podría
ser aún muy feliz: te tomaré en mis brazos
y de nuevo seremos... *(La figura se desvanece.)*
            ¡Se hunde mi corazón!
(Manfred cae sin sentido.)

. . . .

Acto II, Escena II

Un valle bajo en los Alpes. Una catarata. Entra Manfred.

Manfred. No es mediodía aún: el sol oblicuo pone
un arco de matices del cielo en el torrente,
y empuja la oscilante columna envuelta en plata
en vertical caída desde su áspero borde,
agitando sus líneas de fulgor en espuma,
largas como la cola del pálido corcel,
el gigante caballo que cabalga la Muerte
en el Apocalipsis. Solamente mis ojos
pueden beber ahora tal visión de delicia;
a solas quiero estar en dulce soledad,
pero con la que es genio del lugar compartir
el homenaje de estas aguas. Voy a llamarla.
(Manfred toma agua en la palma de la mano y la lanza al aire, murmurando un conjuro. Tras una pausa, la Bruja de los Alpes se eleva bajo el arco iris del sol en el torrente.)

¡Espíritu en belleza! Con tu pelo de luz
y refulgentes ojos de gloria, cuya forma
adoptan los encantos de la hija de la Tierra,
menos mortal tomando figura no terrena,
en esencia que junta más puros elementos,
mientras que los matices de juventud —mejillas
de clavel como un niño dormido, en el arrullo
del latido del pecho de su madre, o los tintes
rosados, que el verano en crepúsculos deja
sobre la virgen nieve del altivo glaciar,
el rubor de la tierra al abrazarse al cielo—,
tiñen tu celestial figura y domestican
las bellezas del arco iris que te corona.
¡Oh, tú, Espíritu bello! Leo en tu clara frente
tranquila, con la calma cristalina del alma,
que muestra por sí misma una inmortalidad,
que vas a perdonar a un Hijo de la Tierra
al que a veces permiten los poderes ocultos
entrar en comunión con ellos —si es que puede
usar de sus conjuros—, llamarte de este modo
y mirarte un momento.
BRUJA. ¡Tú, Hijo de la Tierra!
Te conozco, y conozco la fuerza que te anima,
y sé que eres un hombre de pensamientos varios
y actos buenos y malos, en ambos extremado,
fatal y malhadado en tus padecimientos.
Esto me lo esperaba; ahora ¿qué me quieres?
MANFRED. Contemplar tu belleza: no deseo otra cosa.
El rostro de la tierra me ha enloquecido, y yo
me acojo a sus misterios, y penetro ahondando
las moradas de aquellos que la gobiernan. Pero
no pueden ayudarme en nada. He pretendido
de ellos lo que no pueden concederme, y ahora
ya no pretendo más.
BRUJA. ¿Cuál fue la pretensión
que no entra en el poder de esos más poderosos,
que rigen lo invisible?
MANFRED. Bien, aunque me torture, da lo mismo: hallará
mi tormento una voz. Desde mi juventud
mi alma no andaba al lado de las almas de todos,
ni miraba la tierra con miradas humanas;
la sed de su ambición no era como mi sed,

la meta de sus vidas no podía ser mía;
mis gozos, mis dolores, mis pasiones, mi fuerza,
me hacían un extraño; aun mostrando su forma,
yo no simpatizaba con la carne que alienta,
ni entre las criaturas, de barro en torno mío
había nadie, excepto...; pero ya hablaré de ella.
Decía: con los hombres y con sus pensamientos
sólo tenía escasa comunidad; en cambio,
mi gozo era tener soledad: respirar
el aire enrarecido de las cimas heladas,
donde las aves no osan anidar, ni el insecto
vuela sobre el granito sin hierba; o zambullirme
en el torrente; o bien girar acompañando
el veloz remolino de las ondas quebradas
en el rápido curso del río o el océano.
En eso se alegraba mi fuerza juvenil;
o siguiendo en la noche la marcha de la luna,
las estrellas andando por el cielo; o captar
los deslumbrantes rayos hasta cegar mis ojos;
o mirar, escuchando, las hojas dispersadas
por los vientos de otoño en sus cantos de ocaso.
Tales eran mis gozos; y estar en soledad,
pues si uno de esos seres, de cuya especie yo era,
por mucho que lo odiara, cruzaba mi camino,
me sentía volver, degradado, con ellos,
y todo era otra vez barro. Así, andando a solas,
me hundía en las cavernas profundas de la muerte
buscando su motivo en su efecto, y sacaba,
de huesos blanqueados, calaveras y polvo
en montón, conclusiones prohibidas. Y pasaba
noches, años enteros, en ciencias no aprendidas,
salvo en eras remotas, y con tiempo y esfuerzo
y con pruebas terribles, y todos los castigos
que las potencias pueden ejercer en los aires,
y todos los espíritus que abarcan cielo y tierra,
el espacio, el poblado infinito, mis ojos
se familiarizaban con la Eternidad, como
antes que yo lo hicieron los Magos, y aquel ser
que de sus escondidas moradas de las fuentes
hizo surgir a Eros y Anteros, en Gadara,
como yo a ti; y así con mi saber crecía
mi sed de saber más, y el poder y el disfrute

de esta mi iluminada inteligencia, hasta...
BRUJA.   Prosigue.
MANFRED.   Solamente prolongué mis palabras
jactándome de vanos atributos, porque
al acercarme al núcleo del dolor de mi alma...;
pero debo seguir. No te he nombrado ahora
padre ni madre, amante, amigo o ser ninguno
a quien me encadenaran los vínculos humanos:
si alguien tenía así, no me lo parecía;
y, no obstante, alguien hubo...
BRUJA.   No te reserves: sigue.
MANFRED. Ella era como yo en facciones: sus ojos,
su pelo, y rasgos, todo, hasta el acento mismo
de su voz, se decía que era igual a mi ser,
pero todo templado, suavizado en belleza;
también dada a paseos y reflexión a solas,
a buscar el oculto saber, con un anhelo
de comprender el mundo; y no con eso sólo,
sino con más amables poderes que los míos:
compasión y sonrisas y lágrimas, que yo
no tenía; y ternura —que tan sólo hacia ella
sentía—, y humildad —que no sentí jamás—.
Sus faltas eran mías, y sus virtudes, suyas:
la amé y la destruí yo mismo.
BRUJA.   ¿Con tus manos?
MANFRED. No con mis manos: con mi corazón, que hundió
el suyo, marchitado al contemplar el mío.
Vertí sangre, no suya —pero su sangre fue
vertida, y yo lo vi, sin poder restañarla...
BRUJA. Y por eso..., tú, un ser de un mundo que despre-
niegas lo que elevara lo tuyo hacia la altura,   [cias,
mezclado con nosotros y lo nuestro; rechazas
la grandeza de nuestro saber, y te repliegas
a la mortalidad renegada... ¡Retírate!
MANFRED.   ¡Hija del Aire! Escúchame: desde aquel pun-
                                  [to y hora...;
mas la palabra es aire... Contémplame en mi sueño;
obsérvame observando... ¡Ven, siéntate a mi lado!
Mi soledad dejó de ser la soledad:
poblada está de Furias; hasta el amanecer
rechinaron mis dientes en lo oscuro; recé
pidiendo la locura por bendición: en vano.

He afrontado la muerte; pero en los elementos
en lucha, el agua misma se apartaba de mí,
y lo fatal pasaba sin dañarme. La mano
fría de un implacable demonio me volvía
hacia atrás, por un pelo irrompible. Me hundí
en mi imaginación, fantasía, riqueza
de mi alma —que fue un día un Creso en creación—;
pero, como el reflujo del mar, me devolvía
al abismo insondado de mi propio pensar.
En plena humanidad me zambullí. El olvido
busqué yo en todo, salvo donde puede encontrarse.
Y eso debo aprender: mis ciencias, mis saberes,
mis artes sobrehumanas, tanto tiempo seguidas,
dan muerte aquí; resido en la desesperanza,
y vivo... y viviré para siempre.
BRUJA. 	Quizá
puedo ayudarte.
MANFRED. 	Para eso tu poder debe
despertar a los muertos, o tenderme junto a ellos.
Hazlo así, en cualquier modo, en cualquier punto y
 	[hora:
usa cualquier tormento con tal que sea el último.
BRUJA. Eso no entra en mi alcance; pero si te decides
a jurar obediencia a mi deseo, haciendo
lo que mande, quizá te ayude en tu deseo.
MANFRED. No juro. Obedecer ¿a quién?, ¿a los espíritus
cuya presencia ordeno, para ser el esclavo
de los que me servían? ¡Jamás!
BRUJA. 	¿Es eso todo?
¿No das mejor respuesta? Pues piénsalo despacio,
sin prisa en rechazarlo.
MANFRED. 	Lo he dicho todo.
BRUJA. 	¡Basta!
Entonces ya me puedo retirar. ¡Dilo!
MANFRED. 	¡Vete!
(La BRUJA desaparece.)
MANFRED. Somos las tontas víctimas del tiempo y del
los días nos asaltan, furtivos, y furtivos 	[terror:
se nos van: y seguimos viviendo, aborreciendo
nuestra vida y temiendo sin embargo morir.
Todos los días de este yugo tan detestado,
este peso vital del corazón en lucha

que se hunde de tristeza, o en dolor se acelera,
o en gozo que termina en angustia o desmayo:
los días del pasado y del futuro, pues
no hay presente en la vida, que podemos contar
qué pocos —cuántos menos que pocos— en que el
deja de jadear por la muerte, apartándose   [alma
atrás, como de un río en invierno, aunque el frío
sea sólo un momento. Sólo tengo un recurso
todavía en mi ciencia: convocar a los muertos,
y preguntarles qué es lo que tememos ser:
la respuesta más grave podría ser tan sólo,
y eso no es nada si ellos no responden... la tumba.

. . . .

Acto III, Escena IV

Entra el Abad.

. . . .

Abad. Señor, pido de nuevo perdón por mi llegada:
Pero que, por lo brusco, no os ofenda mi celo
humilde: cuanto tiene de mal, recaiga en mí:
su buen efecto siga sobre vuestra cabeza
—o vuestro corazón, si pudiera decirlo—;
si pudiera tocarlo, con palabras o ruegos,
llamaría a volver a un espíritu noble
que erró pero no está perdido aún del todo.
Manfred. No me conoces tú: están contados ya
mis días y anotadas mis acciones: retírate
o será peligroso. ¡Fuera!
Abad.   ¿No vais a amenazarme?
Manfred. No: digo simplemente que hay un peligro cer-
y quiero preservarte.   [ca
Abad.   ¿Qué queréis decir?
Manfred.   ¡Mira!
¿qué ves?
Abad.   Nada.
Manfred.   Te digo: mira ahí fijamente:
dime ahora qué ves.
Abad.   Algo que debería

estremecerme, pero no temo: se levanta
una figura horrible y tenebrosa como
un dios de los infiernos, saliendo de la tierra:
trae envuelta la cara en un manto y su forma
en túnica de nubes furiosas: se interpone
entre nosotros, pero no le temo.

MANFRED.   No debes:
no te hará nada, pero su visión, con su choque
puede paralizar tus viejos miembros. ¡Vete!,
te digo.

ABAD.   Y yo replico: Nunca, antes de luchar
con ese diablo: ¿qué hace aquí?

MANFRED.   ¿Por qué?... sí... ¿qué
hace aquí? No le envié a buscar: vino solo.

ABAD. Ay, perdido mortal, ¿tú qué tienes que ver
con tales invitados? Tiemblo por ti: ¿por qué
te mira, y tú le miras? ¡Ah!, desvela su aspecto:
su frente está excavada de cicatrices fúnebres
y la inmortalidad del infierno refulge
en sus ojos: ¡atrás!

MANFRED.   Di, ¿cuál es tu misión?

ESPÍRITU. ¡Ven!

MANFRED.   Yo estoy preparado para todo, mas niego
el poder que me llama. ¿Quién te ha mandado aquí?

ESPÍRITU. Lo sabrás en seguida. ¡Ven, ven!

MANFRED.   Yo he dado
[órdenes
a cosas de una esencia más alta que la tuya,
y luché con tus amos. ¡Vete de aquí!

ESPÍRITU.   ¡Mortal!,
tu hora ha llegado. ¡Fuera!

MANFRED. Lo sabía, y lo sé que mi hora ha llegado,
mas no para entregar mi alma a un ser como tú:
¡vete! Voy a morir como he vivido: solo.

ESPÍRITU. He de llamar entonces a mis hermanos. ¡Va-
(Surgen otros ESPÍRITUS.*)*   [mos!

ABAD. ¡Atrás, atrás, perversos! No tenéis poder donde
lo tiene la piedad, y os conjuro en el nombre...

ESPÍRITU. ¡Viejo! Nos conocemos, sabemos qué misión
tenemos, y tus órdenes. No gastes tus palabras
santas en vanos usos. No serviría: este hombre
está perdido ya. Una vez más le llamo.

¡Vamos, vamos allá!
MANFRED.				Te desafío, aunque
siento mi alma en reflujo de mí; te desafío
no obstante; no me iré de aquí, mientras mi aliento
terreno exhalar pueda mi desprecio hacia ti:
mientras me queden fuerzas para luchar, incluso
con espíritus: si algo os lleváis ha de ser
llevado miembro a miembro.
ESPÍRITU.				¡Reluctante mortal!
¿Éste es el mismo Mago que quiso así invadir
los mundos invisibles y hacerse casi nuestro
igual? ¿Cabe que tanto estés enamorado
de la vida? ¡La vida que te hizo desgraciado!
MANFRED. Mientes, falso demonio. Mi vida está en su
final, eso lo sé: ni quiero redimir		[hora
de esa hora un momento: no combato a la muerte,
sino a ti y a tus ángeles en torno: mi pasado
poder no lo adquirí por pacto con tu gente,
sino por una ciencia superior —penitencia,
osadía, paciencia de observar, energía,
dominio del saber de nuestros padres: cuando
en la tierra se vieron andar juntos espíritus
y hombres, sin concederos supremacía: firme
estoy en mi energía: te niego y desafío,
te desprecio y rechazo...
ESPÍRITU.				Mas tus grandes delitos
te han hecho...
MANFRED.		¿Qué son ellos para un ser como tú?
¿Hay que pagar delitos con otros, y mayores
delincuentes? ¡Regresa a tu infierno! No tienes
poder en mí, lo noto: lo que hice, ya está hecho:
llevo dentro un tormento que no puede ganar
por el tuyo: la muerte, que es inmortal, se acusa
a sí misma sus buenos o malos pensamientos,
ella es su origen para el mal y el fin: su propio
lugar, su propio tiempo y su sentido innato,
una vez despojada de esta mortalidad
no conserva color de las cosas fugaces
de fuera, sino está absorbida en el gozo
o la pena, nacidos del conocer su mérito.
No me tentaste tú, no podrías tentarme:
no pudiste engañarme, ni pude ser tu presa:

yo soy mi destructor, y seré mi futuro
propio. ¡Atrás, inservibles demonios! Ya la mano
de la muerte está en mí, ¡pero no vuestras manos!
(Los Demonios *desaparecen.)*

Abad. ¡Ay, qué pálido estáis! tenéis blancos los labios:
vuestro agitado pecho, jadeante, al hablar tiene
acentos de estertor. Rezad, aunque en silencio,
mas no muráis así.

Manfred. ¡Se acabó! Mis opacos
ojos no pueden verte; todo se borra en torno
y la tierra se eleva debajo de mí. ¡Adiós!
Dame la mano.

Abad. Fría, fría hasta el corazón.
Una oración siquiera aún. ¡Ay! ¿qué sentís?

Manfred. Viejo, no es tan difícil morir. *(*Manfred *expira.)*

Abad. Ya se fue: su alma
ha emprendido su vuelo sin tierra. ¿A dónde irá?
Me da miedo pensarlo: pero ya se marchó.

CAÍN: UN MISTERIO

Acto I, Escena I

La Tierra sin Paraíso. Hora, el amanecer.
Adán, Eva, Caín, Abel, Adah y Zillah, *ofreciendo un sacrificio.*

Adán. ¡Dios eterno, infinito, sabio en todo!, que hiciste
de la sombra de lo hondo la luz sobre las aguas
con tu palabra, ¡salve!; Jehováh, con la luz
que vuelve, ¡salve!
Eva.   ¡Dios! que diste nombre al día
separando la noche de la mañana, siempre
juntas antes, y la onda de la onda, y llamaste
a parte de tu obra el firmamento, ¡salve!
Abel. Dios que a los elementos llamaste para ser
tierra, océano, fuego, aire, y con día y noche
y con mundos por éstos alumbrados, o sombra,
hiciste seres para disfrutarlos y amarlos
y amarte, ¡salve! ¡Salve!
Adah.   ¡Oh Dios eterno!, padre
de las cosas, que hiciste estos hermosos seres
excelsos, para ser amados, más que todo,
salvo tú: yo te amo y los amo a ellos, ¡salve!
Zillah. ¡Oh Dios! que haciendo, amando y bendiciendo
dejaste a la serpiente, sin embargo, meterse   [todo,
y expulsar a mi padre del Paraíso, líbranos
de más mal, ¡salve!
Adán.   Hijo Caín, mi primogénito,
¿por qué estás silencioso?
Caín.   ¿Por qué tengo que hablar?
Adán. Para rezar.
Caín.   ¿No habéis rezado?
Adán.   Y con fervor.
Caín. Y con ruido: os oí.

ADÁN. Así nos oiga Dios.
ABEL. ¡Amén!
ADÁN. Pero tú, mi hijo mayor, te quedas mudo.
CAÍN. ¡Más vale que lo esté!
ADÁN. ¿Por qué?
CAÍN. No tengo nada
que pedir.
ADÁN. ¿Ni tampoco de qué dar gracias?
CAÍN. No.
ADÁN. ¿No vives?
CAÍN. ¿Y no tengo que morir?
EVA. ¡Ay! El fruto
de nuestro árbol prohibido empieza ya a caer.
ADÁN. Y debemos volverlo a coger. ¡Oh Señor!
¿por qué plantaste el árbol de la sabiduría?
CAÍN. ¿Y por qué no comisteis del árbol de la vida?
Podríais desafiarle entonces.
ADÁN. ¡Oh hijo mío!
No blasfemes: tal dijo la serpiente.
CAÍN. ¿Por qué
no? La serpiente dijo la verdad: era el árbol
de la sabiduría: el árbol de la vida. El saber
es bueno, y lo es la vida: ¿cómo ambos serán malos?
EVA. ¡Hijo mío! tú hablas como hablé yo, en pecado,
antes de nacer tú: no quiero ver de nuevo
mi desgracia en la tuya. Yo estoy arrepentida.
No vea yo a mis hijos, fuera ya de los muros
del Paraíso, víctimas de las trampas que en él
hundieron a sus padres. Conténtate con esto,
con lo que es. Si lo hubiéramos hecho nosotros, hoy
estarías contento. ¡Oh hijo mío!
ADÁN. Acabados
nuestros rezos, vayámonos: cada uno a su tarea,
necesaria, mas no pesada: pues la tierra
es joven y nos da, benévola, sus frutos
con poco esfuerzo.
EVA. Hijo Caín, mira a tu padre
alegre y resignado: haz como él. *(Se van* ADÁN *y* EVA.*)*
ZILLAH. ¿Tú no quieres,
hermano?
ABEL. ¿Por qué llevas en tu frente esa sombra
que sólo sirve para provocar la ira eterna?

ADAH. Mi querido Caín, ¿también has de mirarme
a mí con ese ceño?
CAÍN.   No, Adah, no: querría
estar solo un momento. Abel, me siento mal,
pero ya pasará. Ve por delante, hermano:
te seguiré muy pronto. Y vosotras, hermanas,
no os quedéis: agradezco vuestra amabilidad.
Os seguiré en seguida.
ADAH.   Si no, volveré aquí
a buscarte.
ABEL.   ¡La paz de Dios contigo, hermano!
(Se van ABEL, ZILLAH *y* ADAH.)
CAÍN. *(Solo.)* ¡Y esto es vivir! ¡Trabajo! ¿Por qué he de
Porque mi padre no supo guardar su sitio [trabajar?
en el Edén. ¿Y yo qué hice en eso? No había
nacido: no elegí nacer: ni amo el estado
que me encontré al nacer. ¿Por qué él a la serpiente
y a la mujer cedió? ¿Y así, por qué sufrir?
¿Qué había en todo esto? Ahí estaba el árbol,
¿y por qué no para él? Si no, ¿por qué ponerlo
junto a él, donde estaba, en medio, el más hermoso?
A todas las preguntas dan la misma respuesta:
«Tal fue su voluntad, y Él es bueno.» ¿Y yo cómo
lo sé? Por poderoso, ¿ha de ser también bueno?
Lo hizo por los frutos —y amargos— con que debo
vivir, por una culpa no mía. *(Ve a* LUCIFER.*)*
                              ¿A quién tenemos
aquí? Una forma como de ángel, pero de aspecto
más sereno y más triste de esencia espiritual.
¿Por qué tiemblo? ¿Debiera temerle más que a tantos
espíritus que veo a diario agitar
sus espadas flamígeras ante la puerta donde
rondo al ocaso, a veces, para ver un atisbo
fugaz de los jardines que son mi justa herencia,
antes de que anochezca sobre el muro cerrado,
y el árbol inmortal cuya copa rebasa
los bastiones por ángeles defendidos? Si a mí
no me asustan los ángeles con espadas de fuego,
¿por qué debe arredrarme éste que ahora se acerca?
Pero parece más poderoso que aquéllos,
y no menos hermoso, aunque no tan hermoso
como ha sido y podría ser: la pena parece

que fuera la mitad de su inmortalidad.
¿Y es así? ¿Y un dolor puede salvar al hombre?
Aquí viene. *(Entra* LUCIFER.*)*
LUCIFER.   ¡Mortal!
CAÍN.   Espíritu, ¿quién eres?
LUCIFER.   Señor de los Espíritus.
CAÍN.   Si es así, ¿cómo puedes
dejarlos, para andar con el polvo?
LUCIFER.   Conozco
qué piensa el polvo, y siento con el polvo y contigo.
CAÍN. ¿Sabes mis pensamientos?
LUCIFER.   Son los de todo ser
digno del pensamiento: es la parte inmortal
que habla en vuestro interior.
CAÍN.   ¿Qué parte inmortal? Eso
no nos fue revelado: mi padre, en su locura,
nos dejó separados del árbol de la vida;
y el del conocimiento, por prisas de mi madre,
se probó demasiado pronto, ¡y su fruto es muerte!
LUCIFER.   Te han engañado: tú has de vivir.
CAÍN.   Yo vivo
pero para morir, y al vivir, nada veo
que me haga odiar la muerte, salvo el apego innato,
un instinto de vida, sucio, pero invencible,
que aborrezco, tal como me desprecio a mí mismo,
mas no puedo vencerlo... Y así vivo. ¡Ojalá
nunca hubiera vivido!
LUCIFER.   Vives, y para siempre
debes vivir: no creas que la tierra, tu externa
cubierta, es la existencia. Cesará, y tú serás
no menos que eres hoy.
CAÍN.   ¡No menos! ¿y por qué
no más?
LUCIFER.   Quizá serás lo mismo que nosotros.
CAÍN. ¿Qué sois vosotros?
LUCIFER.   Somos eternos.
CAÍN.   ¿Sois felices?
LUCIFER. No: ¿lo eres tú?
CAÍN.   ¿Yo cómo podría serlo? ¡Mí-
[rame!
LUCIFER.   ¡Pobre barro! ¡Y pretendes ser desgraciado!
[¡Tú!

Caín. Lo soy: ¿y qué eres tú, con todo tu poder?
Lucifer. Uno que aspiró a ser lo que te hizo, y que no
te habría hecho lo que eres.
Caín.   ¡Ah, tú pareces casi
un dios, y...!
Lucifer.   No lo soy: y al haber fracasado
en serlo, no querría ser sino lo que soy.
Él venció: ¡pues que reine!
Caín.   ¿Quién?
Lucifer.   El que hizo a tu padre
y la tierra.
Caín.   Y el cielo, y todo lo que en ellos
hay. Eso oí cantar a sus ángeles, y eso
dice mi padre.
Lucifer.   Dicen lo que deben decir
y cantar, bajo pena de ser lo que yo soy
—y tú eres— entre espíritus y hombres.
Caín.   ¿Y eso qué es?
Lucifer.   Al-
que se atreven a usar su inmortalidad para   [mas
mirar a su tirano omnipotente, cara
a su cara perenne, ¡y decirle que no es
bueno su mal! Si él hizo como dice —y no sé
y no lo creo—, pero si nos hizo no puede
deshacerlo: inmortales somos. Y aún más, él quiso
que lo fuéramos para torturarnos así.
¡Pues que lo haga! Él es grande, pero aun en su gran-
                                                                [deza,
no es más feliz que somos nosotros en conflicto:
la Bondad no hace el Mal, ¿y qué otra cosa ha hecho
Él? Que siga sentado allá en su vasto trono
solitario, creando mundos que le aligeren
la eternidad, cargosa a su inmensa existencia,
a su soledad siempre sin participación:
que acumule los orbes: está solo, tirano,
infinito, insoluble; si pudiera aplastarse
a sí mismo, sería el mayor beneficio
que jamás concediera: pero ¡siga reinando,
siga multiplicándose a sí mismo en desgracia!
Al menos, los Espíritus y Hombres simpatizamos;
y sufriendo en concierto, hacemos nuestras penas
mucho más soportables por vasta simpatía

sin límites de todos con todos. Pero ¡Él!
tan cuitado en su altura, tan inquieto en su cuita,
debe seguir creando y volviendo a crear.
[Quizá se hará algún día un Hijo, como os dio
un Padre, mas si lo hace, ¡créeme que será
ese Hijo un sacrificio!] *

CAÍN.   Me hablas de cosas que hace
mucho tiempo en visiones flotan ante mi mente:
nunca reconcilié lo que veía con
lo que oía. Mi padre y mi madre me hablaron
de serpientes, de frutos y de árboles: hoy veo
la puerta del que llaman ellos su paraíso
guardada por un ángel de flamígera espada,
que nos impide entrar: el trabajo diario
me pesa y el pensar constante: miro en torno
un mundo donde yo no parezco ser nada,
mientras los pensamientos se elevan en mí, como
si dominar pudieran todo, pero creí
que esta desgracia sólo era mía. Mi padre
está domesticado, mi madre ya ha olvidado
el ánimo que la hizo tener sed de saber
a riesgo de una eterna maldición, y mi hermano
es un pastor atento que ofrece los primeros
nacidos del rebaño al que hace que la tierra
no nos dé sin sudor nada: mi hermana Zillah
canta himnos más temprano que las aves del alba;
y mi Adah, amada mía, no comprende tampoco
lo que abruma mi mente: nunca pudo entenderme.
Está bien: yo prefiero unirme a los espíritus.

LUCIFER. Y si no hubieras sido adecuado, por tu alma,
para tal compañía, yo ahora no estaría
delante de ti: como antes, una serpiente
sería suficiente para imponer su hechizo.

CAÍN. ¿Tú tentaste a mi madre?

LUCIFER.   No tiento a nadie, sino
con la verdad: ¿no fue aquel árbol el árbol
del saber? ¿Y no era el árbol de la vida
siempre fértil? ¿Fui yo quien le dije que no
comiera de él? ¿Fui yo quien plantó lo prohibido
al alcance de seres inocentes, curiosos

* En el MS.; impreso sólo desde 1898.

por su propia inocencia? Yo os hubiera hecho dioses,
y el que os echó, fue porque no debíais comer
el fruto de la vida, y «llegar a ser dioses
como nosotros». ¿Fue eso lo que les dijo?
CAÍN. Eso fue, según dicen los que lo oyeron entre
truenos.
LUCIFER. Entonces ¿quién fue el demonio? ¿Fue aquel
que no quiso dejaros vivir o el que quería
haceros vivir para siempre con la alegría
y el poder del saber?
CAÍN. ¡Lástima no arrancaran
ninguno, o ambos frutos!
LUCIFER. Uno de ellos ya es vuestro,
el otro puede serlo.
CAÍN. ¿Cómo?
LUCIFER. Siendo vosotros
mismos, en resistencia. Nada puede saciar
la mente, cuando quiere ser ella misma, y centro
de las cosas en torno: se hizo para reinar.
CAÍN. Pero ¿tentaste tú a mis padres?
LUCIFER. ¡Los pobres!
¿para qué iba a tentarles, o cómo?
CAÍN. Ellos dicen
que la serpiente era un espíritu.
LUCIFER. ¿Quién
dijo eso? No está escrito así en lo alto:
no quiere el Orgulloso tanto falsificar,
aunque los vastos miedos del hombre y su pequeña
vanidad echarían a la naturaleza
espiritual la culpa de su baja caída.
La serpiente era sólo la serpiente, ni más
ni menos que los seres a que tentaba, siendo
por su naturaleza tierra también; pero algo más
en la sabiduría, puesto que los venció
y previó ese saber fatal para sus gozos
estrechos. ¿Crees que yo tomaría la forma
de ningún ser que muere?
CAÍN. Pero ¿ese ser tenía
un demonio?
LUCIFER. Hizo sólo despertar uno en esos
a los que habló con lengua en horquilla. Te digo
que la serpiente sólo era mera serpiente:

pregunta al querubín que guarda el tentador
árbol. Cuando mil eras hayan rodado sobre
vuestras cenizas muertas y las de nuestra raza,
las razas que haya entonces quizá arreglen así
en fábula la culpa primera, y me atribuyan
una forma que yo desprecio, como todo
lo que se inclina ante Él, el que creó las cosas
sólo para inclinarse ante su solitaria
y huraña eternidad: pero nosotros, esos
que vemos la verdad, la debemos decir.
Tus cariñosos padres escucharon a un ser
reptante, y sucumbieron. ¿Para qué los espíritus
habrían de tentarles? ¿Qué habría que envidiar
en los estrechos límites del Edén para aquellos
espíritus que invaden el espacio? —mas hablo
de lo que no conoces, aun con todo ese tu árbol
del saber.

Caín.   Tú no puedes hablarme de un saber
que no quiera saber yo, y que no tenga sed
de saber, y no tenga intención de saber.

Lucifer. ¿Y valor para verlo?

Caín.   Ponlo a prueba.

Lucifer.   ¿Te atreves
a mirar a la Muerte?

Caín.   Aún no se la ha visto.

Lucifer. Pero habrá que sufrirla.

Caín.   Mi padre dice siempre
que es algo horrible, y llora mi madre si la nombran;
Abel mira hacia el cielo y Zillah hacia la tierra,
suspirando algún rezo; y Adah me mira a mí
sin decir nada.

Lucifer.   ¿Y tú?

Caín.   Me queman en el pecho
ideas indecibles cuando oigo de esa Muerte
omnipotente, que es, dicen, inevitable.
¿No podría luchar con ella? De muchacho
luché con un león, que se escapó, rugiendo,
de mi agarrón.

Lucifer.   No tiene forma: devora todo
lo que parezca ser nacido de la tierra.

Caín. ¡Ah! creí que era un ser: ¿quién podría hacer
[tanto

mal si no fuera un ser?
LUCIFER.   Pregunta al Destructor.
CAÍN. ¿A quién?
LUCIFER.   Al Hacedor: llámale como quieras;
solamente destruye.
CAÍN.   No lo sabía, pero
sí lo pensaba, desde que oí hablar de Muerte:
aunque no sé lo que es, parece horrible. En busca
de ella miré a la vasta y desolada noche;
y al ver sombras gigantes cruzándose en los muros
del Edén, por las llamas de las espadas de ángeles,
miré lo que creía su llegada: con miedo
surgió en mi corazón anhelo de saber
qué era eso que a todos nos iba a derribar:
pero nada llegaba. Y entonces apartaba
mis fatigados ojos de nuestro prohibido
paraíso natal, a las luces de arriba,
en lo azul, tan hermosas: ¿morirán también ellas?
LUCIFER. Quizá, aunque a ti y los tuyos van a sobrevivir.
CAÍN. Me alegro: no querría que murieran, tan bellas.
¿Qué es la muerte? Yo siento temor: es algo horrible
pero no sé lo que es: está anunciada contra
nosotros, pecadores o no, como un mal... ¿Cuál?
LUCIFER. Disolverse en la tierra.
CAÍN.   Pero ¿he de conocerla?
LUCIFER. Como yo no conozco a la muerte, no puedo
contestar.
CAÍN.   Ojalá fuera yo tierra muda.
No sería eso un mal si nunca hubiera sido
más que polvo.
LUCIFER.   Eso es un deseo vil, pero
menos que el de tu padre, pues él quiso saber.
CAÍN. Mas no quiso vivir, o ¿por qué no comió
del árbol de la vida?
LUCIFER.   Se le impidió.
CAÍN.   ¡Mortal
error, no arrebatar ese fruto primero!,
pero antes del saber ignoraba la muerte.
¡Ay! apenas hoy sé lo que es, pero lo temo;
¡temo algo que no sé!
LUCIFER.   Y yo, que lo sé todo,
no temo nada: veo el saber verdadero.

CAÍN. ¿Vas a enseñarme todo?
LUCIFER. Con una condición.
CAÍN. Dila.
LUCIFER. Debes postrarte y debes adorarme:
Señor tuyo.
CAÍN. Tú no eres el Señor que mi padre
adora.
LUCIFER.
No.
CAÍN. ¿Su igual?
LUCIFER. No: no tengo con Él
nada en común. Ni quiero: querría estar encima
o debajo, mas no compartir su poder
o servirle. Yo vivo aparte, mas soy grande:
muchos hay que me adoran, y más habrá: sé tú
uno de los primeros.
CAÍN. Yo nunca me he inclinado
ante el Dios de mi padre, aunque mi hermano Abel
a menudo me implora que me una en sacrificio
con él: ¿por qué tendría que inclinarme ante ti?
LUCIFER. ¿Nunca te has inclinado ante Él?
CAÍN. ¿No te lo he
¿He de decirlo? ¿Acaso tu saber poderoso [dicho?
no es capaz de enseñártelo?
LUCIFER. Quien no se inclina ante Él
se ha inclinado ante mí.
CAÍN. Pero yo ante ninguno
me inclino, de los dos.
LUCIFER. De todos modos, tú eres
un adorador mío: el no adorarle a Él
te hace mío, lo mismo.
CAÍN. ¿Y eso qué es?
LUCIFER. Lo sabrás
aquí —y después de aquí—.
CAÍN. Enséñame el misterio
tan sólo de mi ser.
LUCIFER. Sígueme a donde vaya.
CAÍN. Pero he de retirarme a trabajar la tierra
—porque lo he prometido—.
LUCIFER. ¿Qué?
CAÍN. Recoger primicias.
LUCIFER. ¿Por qué?

CAÍN. Para ofrecerlas en altar con Abel.
LUCIFER. ¿No decías que nunca te habías inclinado
ante el que te hizo?
CAÍN. Sí, pero el ruego obstinado
de Abel me ha dominado. Esta ofrenda es más suya
que mía y es más de Adah...
LUCIFER. ¿Por qué vacilas?
CAÍN. Ella
es mi hermana, nacida del mismo vientre, el mismo
día, y de mí arrancó, con llanto, esta promesa:
y antes que verla en lágrimas, creo que afrontaría
todo: aun adorar algo.
LUCIFER. ¡Sígueme entonces!
CAÍN. Voy.
(Entra ADAH.*)*
ADAH. He venido a buscarte, hermano: es nuestra hora
de descanso y de gozo: sin ti, no lo tenemos.
Esta mañana no has cultivado la tierra,
pero yo he hecho tu parte, y los frutos maduran
como la misma luz que trae la madurez:
vamos allá.
CAÍN. ¿No ves?
ADAH. Veo un ángel: ya muchos
hemos visto: ¿querrá compartir nuestra hora
de descanso? Pues sea bienvenido.
CAÍN. No es éste
lo mismo que los ángeles que hemos visto.
ADAH. ¿Hay otros
entonces? Bienvenido éste, igual que los de antes:
se dignaron ser nuestros invitados. ¿Vendrá?
CAÍN. ¿Quieres venir?
LUCIFER. Te pido que seas mío.
CAÍN. Tengo
que irme con él.
ADAH. ¿Dejándonos?
CAÍN. Sí.
ADAH. ¿Y a mí?
CAÍN. ¡Adah mía!
ADAH. Déjame tú ir contigo.
LUCIFER. No, no debe venir.
ADAH. ¿Quién eres que te metes entre los corazones?
CAÍN. Es un dios.

ADAH.   ¿Y tú cómo lo sabes?
CAÍN.   Habla igual
que un dios.
ADAH.   También hablaba como un dios la serpiente
y mintió.
LUCIFER.   Te equivocas, Adah; ¿no era aquel árbol
el del saber?
ADAH.   Sí, para nuestra eterna tristeza.
LUCIFER.   Pero vuestra tristeza es saber: no mintió,
pues, y si os traicionó, lo hizo con la verdad:
y la verdad no puede sino ser buena.
ADAH.   Pero
todo lo que sabemos de ella es que ha reunido
mal sobre mal: destierro de nuestro hogar, temor,
sudor, fatiga de alma, cargas, remordimiento
por lo que fue, esperanza de lo que no nos llega.
¡Caín! Con este espíritu no te vayas: yo... te amo.
LUCIFER.   ¿Más que a tu madre, y más que a tu padre?
ADAH.   ¿Es pecado eso también?
LUCIFER.   No, no todavía: algún día
lo será en vuestros hijos.
ADAH.   ¿Qué? ¿No ha de amar mi hija
a su hermano Enoch?
LUCIFER.   No como amas tú a Caín.
ADAH.   ¡Oh Señor! ¿No han de amar y de producir seres
que amen desde su amor? ¿No han sacado su leche
de este pecho? Su padre ¿no ha nacido del mismo
vientre, en la misma hora? Los dos ¿no nos amábamos?
Y ¿al multiplicar nuestro ser no multiplicamos
seres que se amarán tal como los amamos?
Pues por mi amor, Caín, no te vayas con este
espíritu: no es nuestro.
LUCIFER.   El pecado de que hablo
no lo he creado yo, y en vosotros no puede
serlo, séalo o no en los que os seguirán
en la mortalidad.
ADAH.   ¿Qué pecado es aquel
que no lo es en sí? ¿Hace la circunstancia
la virtud o el pecado? Seríamos esclavos...
LUCIFER.   Seres esclavos hay más altos que vosotros,
y aún más altos serían que ellos o que vosotros
de no haber preferido la independencia en duro

tormento a la suave angustia de adular,
con himnos y con arpas y oración egoísta,
al Ser Omnipotente porque es omnipotente
y no por el amor, sino por el terror
y la avara esperanza.
ADAH.   La omnipotencia debe
ser toda bondad.
LUCIFER.   ¿Fue en el Edén así?
ADAH.   ¡Demonio! No me tientes con tu belleza: tú eres
más bello que lo fue la serpiente, y tan falso.
LUCIFER.   Tan veraz. A tu madre Eva ve a preguntárselo:
¿no tiene hoy el saber del bien y el mal?
ADAH.   ¡Ah madre!
Tú comiste de un fruto más fatal a tus hijos
que a ti misma: tú, al menos, tu juventud pasaste
en el Edén, en trato feliz con los espíritus
felices: y a nosotros tus hijos, ignorantes
del Edén, nos rodean unos diablos que asumen
las palabras de Dios, y nos tientan con nuestros
pensamientos, curiosos e insatisfechos: tal
tú fuiste seducida por la serpiente, en medio
de tu más venturosa, descuidada, inocente
dicha en puro capricho. No puedo responder
a este ser inmortal que se yergue ante mí:
no puedo aborrecerle: le miro con temor
placentero, y no puedo huir de él: en sus ojos
hay una cautivante atracción que sujeta
mis ojos vacilantes a los suyos: de prisa
late mi corazón: me da miedo, y me atrae
más cerca cada vez: ¡Caín, sálvame de él!
CAÍN.   ¿Qué teme mi Adah? No es un espíritu malo.
ADAH.   No es Dios y no es de Dios: he visto querubines
y serafines: éste no es como ellos.
CAÍN.   Pero hay
espíritus más altos: los arcángeles.
LUCIFER.   Y otros
aún más que los arcángeles.
ADAH.   Pero no son benditos.
LUCIFER.   Si el ser bendito está en la esclavitud, no.
ADAH.   Lo he oído decir: los serafines aman
más, y los que saben más son los querubines,
y éste debía ser querubín, porque no ama.

Lucifer.   Y si el saber más alto extingue el amor ¿qué
será el que no se puede amar al conocerle?
Si el querubín que todo lo sabe, es el que menos
ama, el amor que tienen los serafines sólo
puede ser ignorancia: que no son compatibles,
lo demuestra el destino de vuestros tiernos padres,
por su osadía. Elige entre amor y saber,
pues no hay otra elección: tu padre ya eligió:
su adoración es sólo temor.
Adah.   ¡Caín! ¡elige
el amor!
Caín.   Por ti, mi Adah, no elijo, porque es algo
que ha nacido conmigo, pero no amo otra cosa.
Adah.   ¿Ni a nuestros padres?
Caín.   ¿Y ellos nos amaron tomando
aquel fruto del árbol que nos expulsó a todos
del Paraíso?
Adah.   Entonces no habíamos nacido,
pero, aun en otro caso, ¿no habíamos de amarles
a ellos y a nuestros hijos?
Caín.   ¡A mi pequeño Enoch
y a su hermana, de media lengua! Si les pudiera
creer felices, casi olvidaría, pero
no se puede olvidar ni en mil generaciones.
Nunca amarán los hombres el recuerdo del hombre
que sembró la semilla del mal y de la especie
a un tiempo. De la fruta del árbol de la ciencia
y el pecado comieron, y, con su propia pena
insatisfechos, luego me engendraron a mí
y a ti, y a los escasos que somos, y a las grandes
multitudes, millares, miríadas que pueden
nacer para heredar angustia acumulada
por eras. ¡Y yo debo engendrar tales seres!
Tu belleza y tu amor, mi amor y mi alegría,
el momento del rapto y las plácidas horas,
cuanto amamos en nuestros hijos, y uno en el otro,
nos llevan y les llevan, cruzando muchos años
de pecado y dolor —o pocos, pero en penas,
tocados por momentos de efímero placer—,
¡hasta la Muerte incógnita! El árbol de la ciencia
no cumplió su promesa: si pecaron, al menos
deberían saber cuantas cosas son propias

del saber y el misterio de la Muerte. ¿Qué saben?
Que viven desgraciados. Para enseñarnos eso,
¿qué falta hacían frutos y serpientes?
ADAH.   Caín,
yo no soy desgraciada, y si fueras feliz...
CAÍN.   Sé tú feliz a solas, entonces: yo no quiero
tener nada que ver con la felicidad,
que nos humilla a mí y a los míos.
ADAH.   Yo sola
no puedo ser feliz, ni lo querría ser:
pero con los que están a nuestro alrededor,
creo que sí podría, a pesar de la muerte,
que, por no conocerla, no la temo, por más
que parezca una sombra terrible; si es que puedo
juzgar por lo que he oído.
LUCIFER.   ¿Y no podrías ser
feliz, dices, tú sola?
ADAH.   ¡Yo sola! Oh Dios, ¿quién puede
ser feliz y estar solo, ni tampoco ser bueno?
A mí la soledad me parece pecado,
si no pienso que pronto voy a ver a mi hermano,
su hermano, nuestros hijos y nuestros padres.
LUCIFER.   Pero
¿está solo tu Dios, y con eso es feliz
y es bueno en soledad?
ADAH.   Dios no está solo: tiene
ángeles y mortales para hacerles felices,
y así es feliz también difundiendo alegría.
¿Qué ha de ser alegría sino el gozo extendido?
LUCIFER.   Pregúntalo a tu padre, el recién desterrado
del Edén, o a su hijo mayor; o bien pregúntalo
a tu corazón mismo: no está en paz.
ADAH.   ¡Ay no! Y tú...
¿eres del cielo tú?
LUCIFER.   Si no lo soy, pregunta
la causa de esta dicha que se extiende por todo
(según proclamas tú) al mayor y mejor
Hacedor de la vida y de los seres vivos:
es su secreto, y Él lo conserva. Nosotros
debemos soportar, y algunos resistimos;
en vano lo uno y lo otro, dicen los serafines:
pero vale la pena intentarlo: mejor

no quedarse sin ello: una sabiduría
existe en el espíritu que dirige a lo justo:
como en el aire azul en sombra, vuestros ojos
de jóvenes mortales en seguida se posan
en la estrella que vela, saludando a la aurora.
ADAH. Es una hermosa estrella: la amo por su belleza.
LUCIFER. ¿Y por qué no la adoras?
ADAH. Nuestro padre tan sólo
adora al Invisible.
LUCIFER. Sin embargo, los símbolos
de lo Invisible son lo más bello de cuanto
es visible: esa clara estrella es la que guía
las huestes de los cielos.
ADAH. Nuestro padre nos dice
que él ha visto a Dios mismo, al que le hizo a él
y a nuestra madre.
LUCIFER. ¿Y tú le has visto?
ADAH. Sí, en sus obras.
LUCIFER. Pero ¿en su ser?
ADAH. No... salvo en mi padre, la imagen
propia de Dios; también en sus ángeles, tan
parecidos a ti... y más brillantes, pero
menos bellos y fuertes de aspecto: tú pareces
como una noche etérea, con largas noches blancas
en franjas por el hondo violeta, y donde estrellas
sin número tachonan la misteriosa bóveda
con seres que parecen aspirar a ser soles:
tan bellas e incontables, ofreciendo su amor,
sin deslumbrarnos, pero atrayéndonos a ellas,
de lágrimas me llenan los ojos: como tú.
Pareces desdichado: no nos hagas tú serlo
y lloraré por ti.
LUCIFER. ¡Ah esas lágrimas! Sólo
si supieras qué mares se han de verter...
ADAH. ¿Por mí?
LUCIFER. Por todos.
ADAH. ¿Cuáles todos?
LUCIFER. Miríadas de miríadas,
millones de millones, la tierra de los pueblos
y la tierra sin pueblos; el infierno repleto
de gente que en tu vientre tiene el germen.
ADAH. ¡Caín!

Nos maldice este espíritu.
CAÍN. Déjale, he de seguirle.
ADAH. ¿A dónde?
LUCIFER. A un lugar desde donde volverá a ti
en una hora: pero en esa hora verá
cosas de muchos días.
ADAH. ¿Cómo puede ser eso?
LUCIFER. ¿No hizo vuestro Hacedor, con mundos viejos,
[este
mundo nuevo en muy pocos días? ¿No puedo yo,
que ayudé en su trabajo, mostrar en una hora
lo que Él en muchas ha hecho o ha destruido en pocas?
CAÍN. Guíame.
ADAH. ¿De verdad volverá en una hora?
LUCIFER. Sí volverá. Los actos en nosotros están
eximidos del tiempo, y podemos reunir
en una sola hora la eternidad: nosotros
no alentamos siguiendo una mortal medida...
pero eso es un misterio. Caín, vamos allá.
ADAH. ¿Volverá?
LUCIFER. ¡Sí, mujer! Él, único mortal
que volverá de allí (el primero y el último
salvo UNO), volverá contigo para hacer
populoso este mundo expectante y callado
que hoy habitan muy pocos.
ADAH. ¿Dónde resides tú?
LUCIFER. A través del espacio entero. ¿Dónde habría
de residir yo? Donde está tu Dios o dioses,
allí estoy yo: las cosas todas van compartidas
conmigo: vida y muerte, tiempo y eternidad,
cielo y tierra, y aquello que no es cielo ni tierra,
sino poblado de esos que otro tiempo poblaron
o habrán de poblar ambos... ¡Ésos son mis dominios!
Así comparto el suyo y poseo otro reino
que no es suyo. Si no fuera yo lo que he dicho
¿podría estar aquí? Muy bien caben sus ángeles
en vuestra visión.
ADAH. Tal lo estaban cuando habló
la atractiva serpiente a nuestra pobre madre.
LUCIFER. ¡Caín! tú me has oído: que, si anhelas saber,
puedo saciar tu sed, sin pedirte que comas
de frutos que te priven de un solo bien dejado

por el vencedor. Sígueme.
CAÍN. Espíritu, lo he dicho.
(Se van LUCIFER y CAÍN.)
ADAH. ¡Caín, hermano mío!

ACTO III, ESCENA I

*La Tierra, cerca del Edén, como en el Acto I.
Entran CAÍN y ADAH.*

ADAH. Caín, pisa sin ruido.
CAÍN. ¿Por qué?
ADAH. Nuestro pequeño
Enoch está durmiendo en ese lecho de hojas
junto al ciprés...
CAÍN. ¡Ciprés! Es un árbol sombrío
que parece hacer duelo por lo que está a su sombra:
¿por qué lo has elegido como dosel del niño?
ADAH. Porque sus ramas tapan el sol como la noche,
y eran mejores para el sueño con su sombra.
CAÍN. Sí, el último... el más largo; pero no importa...
(Se acercan al niño.) [vamos.
¡Qué delicioso está! Sus mejillas de tierna
pureza aquí superan los pétalos de rosa
en que están descansando.
ADAH. Y sus labios también
¡qué bellos, entreabiertos! No, no debes besarle,
por lo menos ahora: pronto despertará.
Y casi ha terminado su siesta: no conviene
molestarle.
CAÍN. Es verdad: hasta entonces contengo
mi corazón. Sonríe y duerme: duerme más,
y sonríe tú, joven heredero de un mundo
casi tan joven: ¡sigue durmiendo y sonriendo!
Estás en días y horas alegres e inocentes:
tú no has mordido el fruto; ¡tú no sabes que estás
desnudo! ¿Ha de llegar el momento en que pagues
pecados que no sabes, que no fueron ni tuyos
ni míos? Pero ahora ¡sigue durmiendo, niño!
Su cara se enrojece con sonrisas más hondas,

y tiemblan en sus párpados sus pestañas, sombrías
como el ciprés mecido sobre ellas: medio abiertas,
dejan reír, debajo, un claro azul dormido.
Debe soñar, ¿con qué? El Paraíso... ¡Sueña
con él, desheredado hijo mío! Es un sueño
sólo, pues nunca más, tú, tus hijos, tus padres,
andaremos por ese prohibido lugar
de alegría.

ADAH.   ¡Mi amado Caín! No, no susurres
sobre el niño tan tristes nostalgias del pasado:
¿por qué has de lamentar el Paraíso siempre?
¿No podemos hacer otro?

CAÍN.   ¿Dónde?

ADAH.   Aquí, o donde
quieras: donde estés tú, yo no siento la ausencia
de ese Edén tan llorado. ¿No te tengo a ti, al niño,
a nuestro padre, a Abel, a Zillah, dulce hermana,
y a Eva, nuestra madre a quien tanto debemos
además del nacer?

CAÍN.   Sí, la muerte también
a ella se la debemos.

ADAH.   Caín, aquel espíritu
soberbio que de aquí te llevó, te ha devuelto
más hondamente triste. Yo esperaba que aquellos
prodigios prometidos que has visto, las visiones,
según dices, de mundos pasados y presentes,
te habrían ajustado el ánimo en la calma
de un saber satisfecho: mas veo que tu guía
te ha hecho mal: sin embargo, le agradezco y le puedo
perdonar todo, a cambio de dejarte volver
tan pronto.

CAÍN.   Ah, ¿tan pronto?

ADAH.   No hace apenas dos horas
que te fuiste: dos horas para mí largas, pero
dos horas por el sol.

CAÍN.   Pero yo me he acercado
al sol, y he visto mundos que él iluminó antaño,
y nunca volverá a alumbrar: creí que años
sobre mi ausencia habrían rodado.

ADAH.   Sólo horas.

CAÍN. La mente tiene entonces capacidad de tiempo
midiéndolo por eso que observa; placentero

o penoso, pequeño o todopoderoso.
Había contemplado obras inmemoriales
de seres infinitos: crucé, raudo, apagados
mundos, y al contemplar la eternidad, pensé
haber tomado en préstamo más de su eternidad
con unas pocas gotas de eras: pero ahora siento
mi pequeñez de nuevo. Bien lo dijo el espíritu:
¡no soy nada!

ADAH. ¿Por qué lo dijo? Jehováh
no dijo cosa tal.

CAÍN. No: Él se queda contento
con hacernos la nada que somos y después
de lisonjear al polvo con atisbos de Edén
y de inmortalidad, lo disuelve otra vez
en el polvo, ¿por qué?

ADAH. Lo sabes: el error
de nuestros padres.

CAÍN. Y eso ¿a nosotros qué? Si ellos
pecaron, mueran ellos.

ADAH. No hablas bien, y no es tuyo
tal pensamiento: es de ese espíritu que estaba
contigo. ¡Yo querría morir por ellos, para
que pudieran vivir!

CAÍN. Bien, eso mismo digo,
con tal de que una víctima saciara al insaciable
de vida, y nuestro niño, ahí dormido y rosa,
no probara jamás la muerte ni la humana
tristeza, sin pasarla a los que surjan de él.

ADAH. ¿Y sabemos si un día no habrá una expiación
como ésa, que redima a toda nuestra raza?

CAÍN. ¿Mediante el sacrificio del inocente a cambio
del culpable? ¿Qué habría de expiación en eso?
Pues somos inocentes nosotros ¿qué hemos hecho
para deber ser víctimas de algo anterior a nuestro
nacimiento, o tener víctimas expiatorias
de un pecado sin nombre, misterioso...? ¿Es pecado
buscar conocimiento?

ADAH. Ay, mi Caín, ahora
pecas: esas palabras me suenan como impías.

CAÍN. ¡Déjame entonces!

ADAH. ¡Nunca, aunque tu Dios te deje!

CAÍN. Di, ¿qué es lo que hay aquí?

ADAH. Dos altares que ha hecho
en tu ausencia tu hermano Abel, en que ofrecer
un sacrificio a Dios por tu regreso.
CAÍN. ¿Y cómo
supo que yo iba a estar tan dispuesto a quemar
las ofrendas que a diario él ofrece con rostro
manso, cuya humildad baja muestra más miedo
que adoración, soborno al Creador?
ADAH. Sin duda
está bien.
CAÍN. Un altar puede bastar: no tengo
yo nada que ofrecer.
ADAH. Los frutos de la tierra,
los brotes más tempranos, los capullos, las flores
y los frutos son buena ofrenda ante el Señor,
dada con un espíritu de amor y contrición.
CAÍN. He cavado y segado, he sudado al sol, como
la maldición decía: ¿tengo que hacer aún más?
¿Por qué tendría amor? ¿Por la guerra con todos
los elementos, para que den pan que comer?
¿Por qué la gratitud? ¿Por ser polvo y rodar
por el polvo hasta, al fin, volver al mismo polvo?
Si soy nada, ¿por nada he de ser un hipócrita,
y parecer contento con el dolor? ¿Por qué
la contrición? Será quizá por el pecado
de mi padre, que ya se ha expiado con todo
lo que hemos soportado, y ha de ser más que expiado
en nuestra raza, en tantas eras profetizadas.
¡No imagina este nuestro joven dormido en flor
las semillas de eterna desgracia para tantas
miríadas dentro de él! Más valdría agarrarle
en su sueño y tirarle contra las rocas, antes
que dejarle vivir para...
ADAH. ¡Oh Dios, no le toques!
¡a mi niño, tu niño, Caín!
CAÍN. No tengas miedo
por todas las estrellas y el poder que las rige
no daría a este niño un saludo más áspero
que un beso paternal.
ADAH. Pues ¿por qué tan temible
en tus palabras?
CAÍN. Dije que sería mejor

que no viviera más, antes que dar la vida
a tanta pena como debe aguantar, y aún
peor, a otros causar: pero si el decir eso
te duele, solamente diré: Mejor sería
que no hubiera nacido.

ADAH. ¡No digas eso! ¿Dónde
estarían, entonces, mis gozos maternales
de velarle, nutrirle y quererle? ¡Silencio!
Se despierta, ¡mi dulce Enoch! *(Se acerca al niño.)*
Oh mírale, Caín, ve qué lleno de vida,
de fuerza, de energía, de belleza y de gozo,
cómo se me parece, y a ti, cuando eres bueno,
porque todos entonces nos parecemos, ¿cierto,
mi Caín? Padre, madre, hijo, nuestras facciones
entre sí se reflejan, como en las claras aguas,
cuando son buenas, cuando tú eres bueno. ¡Amémonos,
Caín, entonces, y ámate a ti mismo, en amor
a nosotros, que tanto te amamos! ¡Mira, ríe
y nos tiende los brazos y abre hacia ti sus ojos
azules, saludando a su padre! Su cuerpo
vibra como con alas de alegría. ¡No nombres
la pena! Al no tener hijos, los querubines
podrían envidiarte los placeres de padre.
¡Bendícele, Caín! Aún no tiene palabras
para darte las gracias, pero su corazón
lo hace, y también el tuyo.

CAÍN. ¡Bendito seas, niño,
si es que una bendición mortal puede salvarte
de aquella maldición de la serpiente!

ADAH. Puede.
La bendición de un padre sin duda ha de desviar
la astuta sutileza de un reptil.

CAÍN. Yo lo dudo:
pero de todos modos le bendigo.

ADAH. Aquí llega
nuestro hermano.

CAÍN. Tu hermano Abel. *(Entra ABEL.)*

ABEL. Caín, hermano,
la paz de Dios contigo.

CAÍN. ¡Salve, Abel!

ABEL. Nuestra hermana
me dice que has vagado en alta comunión

al lado de un espíritu, más allá del usual
alcance. ¿Era de aquellos que hemos visto, y con quie-
hemos hablado, como nuestro padre?   [nes
CAÍN.   No lo era.
ABEL. ¿Por qué tratarle entonces? Quizá sea enemigo
del Altísimo.
CAÍN.   Amigo del hombre. ¿Así lo fue
el Altísimo, como tú le llamas?
ABEL.   ¡Le llamo!
Tus palabras hoy son muy extrañas, hermano.
Hermana, déjanos por un tiempo. Pensamos
sacrificar.
ADAH.   Adiós, mi Caín, pero antes
abrazo a nuestro hijo. ¡Pueda su tierno espíritu
y Abel con su piadoso ministerio, volverte
a llamar a la paz y a la santidad! *(Se va* ADAH *con el*
ABEL.   ¿Dónde   [*niño.)*
has estado?
CAÍN.   No sé.
ABEL.   ¿Ni sabes lo que has visto?
CAÍN. Los muertos, los misterios del espacio inmortales,
omnipotentes, fuertes, dominantes, los mundos
sin número que fueron y son: un torbellino
de cosas aplastantes, soles, lunas y tierras,
cantando en sus esferas estentóreas en trueno
en torno a mí, que vuelvo incapaz para tratos
con los mortales; déjame, Abel.
ABEL.   Tus ojos fulgen
con luz innatural, tu rostro está teñido
de innatural color; en tus palabras hay
sonido innatural. ¿Esto qué significa?
CAÍN. Significa... te ruego, déjame.
ABEL.   No sin antes
orar y los dos juntos sacrificar.
CAÍN.   Abel,
escucha: sacrifica tú solo. Jehováh
a ti te quiere bien.
ABEL.   Nos quiere a ambos, espero.
CAÍN. Pero a ti más: a mí no me importa: tú vales
para su adoración más que yo: reverénciale
entonces pero solo o al menos sin mí.
ABEL.   Hermano,

no podría llamarme hijo de nuestro Padre
santo, si a ti, el mayor, no te reverenciara,
y al adorar a nuestro Dios no te requiriera
a unirte a mí, delante de mí en el sacerdocio:
ése es tu sitio.

CAÍN.   Pero yo nunca lo he afirmado.

ABEL.   Más me duele: te ruego que ahora lo hagas así.
Sufrir parece tu alma bajo un potente engaño:
te calmará.

CAÍN.   No, nada me calmará. ¿Calmarme?
Nunca supe lo que era calma de alma, por más
que he visto entrar en calma los elementos: ¡déjame!
Abel mío, te dejo con tu piadoso intento.

ABEL.   Ni lo uno ni lo otro: debemos cumplir juntos
esa tarea. No me desprecies.

CAÍN.   Si así
ha de ser... bueno, entonces ¿qué haré?

ABEL.   Elegir uno
entre esos dos altares.

CAÍN.   Elige tú por mí.
Para mí sólo son tierra con hierba y piedras.

ABEL.   ¡Elige!

CAÍN.   Ya he elegido.

ABEL.   El más alto: te está
mejor, como el mayor. Prepara tus ofrendas
ahora.

CAÍN.   ¿Dónde están las tuyas?

ABEL.   Ahí las tienes:
los primeros nacidos del rebaño y su grasa:
es el ofrecimiento humilde de un pastor.

CAÍN.   Yo no tengo rebaños; mi trabajo es la tierra,
que ha de dar a mi esfuerzo sus frutos: puedes verlos
(recoge frutos)
en variado esplendor y madurez.
(Arreglan sus altares y encienden una llama en ellos.)

ABEL.   Hermano,
tú primero, el mayor, ofrece tu oración
y tu agradecimiento en sacrificio.

CAÍN.   No:
soy nuevo en esto: ve por delante y yo habré
de seguirte, si puedo.

ABEL.   *(Arrodillándose.)* Oh Dios que nos hiciste,

y que en nuestras narices insuflaste el aliento
de vida, que nos has bendecido, evitando,
a pesar del pecado de nuestro padre, hacer
que nosotros tus hijos nos perdiéramos todos,
como pudo ocurrir de no haberse templado
tu justicia con esa misericordia que es
tu placer, concediéndonos un perdón que parece
un Paraíso al lado de nuestros grandes crímenes:
Tú, el único Señor de la luz, gloria y bien,
y de la eternidad: sin quien todos seríamos
malos y con quien nada puede errar sino para
un buen fin de tu omnipotente benevolencia,
inescrutable, pero que siempre ha de cumplirse;
acepta la modesta primicia de primeros
nacidos del rebaño de este pastor: ofrenda
que en sí misma no es nada: ¿cuál podría ser algo
ante ti? Pero acéptala como una acción de gracias
que presento ante el rostro de tu ancho cielo, al tiempo
que inclino el mío al polvo de que sólo soy parte,
¡rindiendo honor a ti y a tu nombre por siempre!
CAÍN. *(Erguido de pie durante su discurso.)*
Espíritu, quienquiera o cualquier cosa que eres,
omnipotente, acaso, y, si bueno, mostrándolo
en que tengas tus actos exentos de maldad:
en la tierra, Jehováh, y Dios sobre los cielos;
tal vez con otros nombres, porque tus atributos
parecen tantos como tus obras: si has de ser
propiciado con ruegos, ¡tómalos! Si has de ser
movido con altares, y con un sacrificio
ablandado, ¡recíbelos! Dos seres los elevan
aquí. Si amas la sangre, el ara del pastor
que humea a mi derecha, la vertió en tu servicio;
sus primeros nacidos, cuyos miembros elevan
vahos con sanguinario incienso hacia tus cielos;
o si los dulces frutos maduros de la tierra
y estaciones más suaves, que en la hierba sin mancha
ahora ofrezco, ante la faz del ancho sol
que las maduró, pueden parecerte a ti buenos,
pues su vida y sus miembros no han sufrido, y más bien
son muestra de tus obras que súplica a que mires
las nuestras. Si un altar sin víctima y un ara
sin sangre ganar pueden tu favor aquí están,

y en cuanto a quien lo arregla, es... como tú lo hiciste,
y no pretende nada que haya de ser ganado
doblando la rodilla: si es malo, herirle puedes:
tú eres omnipotente, tú puedes, ¿qué podría
él oponerte? Si es bueno, hiérele o déjale,
como quieras, pues todo en ti descansa: el bien
y el mal mismo parece que no tienen poder
salvo en tu voluntad: y si eso es bueno o malo,
no lo sé; omnipotente no soy, y así no puedo
juzgar la omnipotencia, sino sólo aguantar
su mandato, que así hasta ahora aguanté.
(*El fuego en el altar de* ABEL *se enciende en una columna de llama más clara, y asciende al cielo, mientras que un torbellino derriba el altar de* CAÍN, *esparciendo los frutos por toda la tierra.*)
ABEL. (*Arrodillándose.*) ¡Reza, hermano! Jehováh contra
CAÍN. ¿Por qué? [ti tiene ira.
ABEL. Mira tus frutos dispersados por tierra.
CAÍN. De la tierra vinieron, que vuelvan a la tierra:
su semilla dará más fruto en el estío:
tu holocausto de carne prospera mejor; mira
las llamas absorbidas por el cielo, cargadas
de sangre.
ABEL. ¡Tú no pienses si se acepta mi ofrenda,
pero ofrece otra tuya antes de que sea tarde!
CAÍN. No quiero levantar más aras ni aguantar...
ABEL. (*Incorporándose.*) Caín, ¿qué te propones?
CAÍN. Derribar
adorador en nubes, el heraldo humeante [este vil
de tu opaca oración: tu altar, con esa sangre
de corderos y chivos, de leche alimentados
para ser destruidos en sangre.
ABEL. (*Enfrentándosele.*) No lo harás:
no acompañes impías obras a tus palabras
impías: ¡deja en pie el altar! Ya es sagrado
por el perenne agrado de Jehováh, su placer
en sus víctimas.
CAÍN. ¡*Sus* víctimas! ¡*Su* placer!
¿Qué alto placer fue el humo y la carne abrasada,
el dolor de las madres balantes, que aún añoran
a sus retoños muertos, o el dolor de las tristes
víctimas ignorantes, con tu pío cuchillo?

¡Quita allá! ¡Este sangriento memorial no ha de alzarse
al sol para vergüenza de la creación!
ABEL.   ¡Hermano!
¡atrás! No tocarás con violencia mi altar:
si quieres adoptarlo, para probar un nuevo
sacrificio, ya es tuyo.
CAÍN.   ¡Un nuevo sacrificio!
Quita, o el sacrificio puede ser...
ABEL.   ¿Tú qué dices?
CAÍN. Quita, a tu Dios le gusta la sangre; pues aparta
antes que tenga más.
ABEL.   En su nombre me pongo
entre ti y el altar que por él fue aceptado.
CAÍN. Si te amas a ti mismo, aparta, mientras echo
esta hierba de nuevo a su suelo natal,
o si no...
ABEL.   Amo a Dios mucho más que la vida.
CAÍN. *(Golpeándole en las sienes con un tronco encendido que arrebata del altar.)* Pues llévate tu vida a tu
las vidas.   [Dios, puesto que ama
ABEL. *(Cae.)*
             ¿Qué me has hecho, hermano mío?
CAÍN.   ¡Hermano!
ABEL. Dios, recibe a tu siervo: perdona a su asesino,
pues no sabía lo que hacía: Caín, dame
la mano, y di a la pobre Zillah...
CAÍN. *(Tras un momento de asombro.)*
                        ¡Mi mano! está roja,
toda y con... ¿qué?
(Larga pausa. Mirando lentamente en torno.)
                    ¿Dónde estoy? ¡Solo! ¿Dónde está
Abel? ¿Y Caín? ¿Puede ser que yo sea
él? Hermano, despierta: ¿por qué así estás tendido
sobre la verde tierra? ¡No es hora de dormir!
¿Qué tienes? ¿Por qué estás tan pálido?... Si estabas
tan lleno esta mañana de vida! ¡Abel, te ruego,
no te burles de mí! Te golpeé demasiado,
pero no fatalmente. ¿Por qué te me enfrentaste?
Esto es burla, tan sólo para asustarme: fue
un golpe, sólo un golpe. Muévete, al menos muévete.
Así está bien ¡respiras! Alienta hacia mí. ¡Oh Dios!
ABEL.   ¿Quién hay que habla de Dios?

CAÍN.   Tu asesino.
ABEL.   Pues Dios
le perdone. Caín, consuélame a la pobre
Zillah: ahora le queda sólo un hermano.
CAÍN.   ¡A mí
ninguno! ¿Quién me ha hecho quedarme sin hermano?
¡Tiene abiertos los ojos: entonces no está muerto!
La muerte es como el sueño, que nos cierra los pár-
[pados.
Sus labios se entreabren; entonces es que alienta
aunque yo no lo note. ¡Su corazón! ¿aún late?
¡Creo que no, no, no! Esto es una visión,
o si no, es que me he vuelto nativo de otro mundo
peor: la tierra da vueltas en torno a mí.
¿Qué es esto? Está mojada mi mano, mas ¿de qué?
(Se lleva la mano a la frente y la mira luego.)
¡Si no hay rocío! Es sangre... de mi hermano y la mía,
¡y la he vertido yo! ¿Qué tengo ya que ver
con la vida al quitar vida a mi propia carne?
¡Mas no puede estar muerto! ¿Es el silencio muerte?
No: se despertará: quiero velarle entonces.
No puede ser la vida tan leve que se apague
tan de prisa... me habló después... ¿qué le diré?
¡Hermano mío! No, no me responderá
así, pues los hermanos no se hieren los unos
a los otros. Con todo... Háblame: ¡una palabra
más de tu cariñosa voz quiero oír, que pueda
soportar el oír mi propia voz de nuevo!
(Entra ZILLAH.*)*
ZILLAH. Oí un ruido pesado: ¿qué puede ser? Éste es
Caín, que está observando a mi marido al lado.
¿Qué haces ahí, hermano? ¿Está dormido Abel?
¿Qué es esa palidez y ese chorro...? No, no,
no es sangre: ¿quién habría de derramarla? ¡Abel!
¿Qué es eso? ¿Quién lo ha hecho? No se mueve, no
[alienta:
sus manos se me caen de las mías, sin vida, como pie-
[dras.
¡Cruel Caín! ¿Por qué no llegaste con tiempo
de salvarle de tal violencia? Cualquier cosa
que le atacara, tú eres el más fuerte y debiste
ponerte entre el ataque y él. ¡Padre! ¡Eva! ¡Adah!

¡Venid aquí! La muerte está en el mundo.
(Se va ZILLAH, *llamando a sus padres.)*
CAÍN.   ¿Y quién
la trajo aquí? Fui yo, y odio tan hondamente
el nombre de la Muerte, que el pensar sólo en ella
me envenenó la vida, antes que conociera
su aspecto: la he traído aquí yo, y he entregado
a mi hermano a su abrazo frío e inmóvil, como
si, sin mi ayuda, no pudiera imponer ella
su ley inexorable. Al fin despierto: un sueño
me enloqueció, ¡pero él jamás despertará!
. . . .

SHELLEY

MONT BLANC

1

La eternidad, que fluye cual la savia en las rosas,
pasa a través del alma y arrastra el oleaje
del universo en ondas tristes o luminosas,
que copian la nostalgia de su eterno viaje;

y van hasta la fuente secreta donde brota
el pensamiento humano, sonoro de delicia,
¡oh manantial sin dueño que apenas una gota
desborda dulcemente si el aire le acaricia!

Como el murmullo leve de un arroyo de plata
se silencia en el bosque salvaje, en la alta sierra,
que asorda, poderosa, la vasta catarata,
y el viento en el hayedo que el corazón aterra;

así se apaga el leve fluir de la conciencia
humana, cuando, llena de soledad, escala
la cima donde junta la nieve su inocencia
y delira entre rocas el agua que resbala.

2

¡Oh torrente del Arve, oscura y honda sima
transida de colores y poblada de ecos;
valle de abetos verdes que caen desde la cima
debajo de las nubes, entre los montes huecos!

¡Oh escena solitaria, trágicamente bella,
por donde rueda el Arve, que encarna el misterioso
espíritu del monte que en la nieve sin huella
alza su oculto trono de paz y de reposo!

¡Oh río que en la viva roca te abres camino;
y a través de los valles, desde la limpia cumbre,
te desatas lo mismo que un relámpago alpino
que cruza la tormenta con su espada de lumbre!

Así pasas, ¡oh río!, bajo los pinos verdes
que entre las rocas cuelgan reciamente agarrados,
como arcaicos gigantes que acaso tú recuerdes
haber visto en la infancia de los tiempos pasados.

Los vientos desalados en ellos se recrean;
y los olores beben de su verdor sonoro;
y escuchan de sus ramas la música; y menean
sus hojas silenciosas, que suenan como un coro.

Igual que el arco iris tras la lluvia en el cielo,
la espuma del torrente teje un velo delgado,
y esculpe la cascada la piedra con su vuelo:
la eternidad se escucha cuando todo ha callado;

y un misterioso sueño hace dormir al eco
en las hondas cavernas de donde el Arve arranca
su profundo sonido, como un chasquido seco
que va de cumbre en cumbre sobre la nieve blanca.

¡Tú eres el incesante caminar y la senda
de esta música vaga que jamás se detiene!
¡Empapado de vértigo soy tu propia leyenda,
y si te miro, un soplo divino hasta mí viene!

¡Y parece al mirarte que el corazón te inventa
y tu imagen sustancia de humana fantasía!
¡Mi ser se comunica con el Poder que alienta
en tus hondas entrañas, y su vida es la mía!

¡Mil pensamientos cruzan tu soledad umbría,
y flotan o se posan cual huéspedes divinos
en la dormida gruta que habita mi Poesía,
como un hada que pulsa su lira entre los pinos!

¡Mil pensamientos buscan entre las sombras quietas
fantasmas y visiones de tu callado abismo!...

Pero el viento se lleva sus figuras secretas,
y tú, en cambio, perduras eternamente el mismo.

Dicen que resplandores de otro remoto mundo
visitan nuestras almas al dormir; que la muerte
es un sueño habitado, y un vivir más profundo
que nos mantiene en vela para que Dios despierte.

Alzo al cielo los ojos: ¿qué alada omnipotencia
tras el velo se oculta de la muerte y la vida?
¿Sueño acaso y el mundo es sólo una apariencia
que en círculos de magia se abre al alma dormida?

¡El espíritu mismo se desmaya y destierra
como nube arrastrada por la fuerza del viento,
que cruza los abismos y hermosamente yerra
hasta hacerse invisible como mi pensamiento!

Allá lejos, muy lejos, coronando de cielo
su serenada nieve, se yergue el Monte Blanco;
su quietud infinita se alza como un anhelo
imperial sobre el pasmo del callado barranco;

sus montañas feudales le rinden pleitesía;
rocas de extrañas formas y cimas que modela
la nieve; valles hondos donde nunca entra el día;
glaciares y congostos donde la luz se hiela;

precipicios azules como el cielo glorioso,
que tuerce entre los valles al nivel de las crestas;
todo en torno a tu mole se agrupa silencioso,
dominado y vencido por tus cumbres enhiestas.

¡Oh desierto que sólo la tempestad habita,
y en donde arroja el águila los triturados huesos
del cazador; y el lobo, tras de su huella escrita
en la nieve, aúlla al fondo de los bosques espesos!

¡Cuánto horror amontona tu soledad desnuda!
¡Oh piedra atormentada y espectral cataclismo!

ruptura

¡Como un planeta en ruinas cubre la nieve muda
la sombra desolada del cielo y del abismo!

¿Jugó un titán contigo? ¿Te bañaste en la aurora
del mundo? ¿Un mar llameante cubrió tu virgen nieve?
Nadie responde. Todo parece eterno ahora;
y el alma, poco a poco, como una flor se embebe.

El desierto nos habla con misterioso acento;
y una trágica duda, cual roedor gusano,
socava la conciencia donde tienen su asiento
la soledad del hombre y el desamparo humano;

pero una fe más dulce, más serena, más alta,
nos reconcilia y hace creer en la belleza;
en las cosas hermosas; en el amor que exalta
y despierta en el hombre su dormida pureza.

¡Tu música, oh montaña, descifra la armonía
del corazón, que late ya más puro que antes;
a las almas egregias brindas tu compañía,
y sus conciencias tornas puras como diamantes!

Los lagos y campiñas; los bosques y el rocío;
el mar; y cuantas cosas vivas el mundo encierra
en su hondo laberinto; la lluvia; el ancho río;
el lívido relámpago que hace temblar la tierra;

los altos vendavales: la feble somnolencia
que en la estación propicia visita a las ocultas
flores; el sueño en vela que teje la inocencia
invisible y futura de las rosas adultas;

el abrirse en el vuelo de su infancia sin peso
que la delgada rama estremece, y sonroja
el compacto sigilo de su color ileso,
como una cosa eterna que luego se deshoja;

las obras y caminos del hombre; cuanto nace
y acaba; cuanto es suyo o puede serlo un día;
cuanto alienta y se mueve y con dolor se hace;
todo muere y revive por infinita vía.

Mas tú habitas aparte, serenado, tranquilo;
remoto, inaccesible Poder; trono de calma;
fragmento de planeta rodeado de sigilo,
donde a soñar aprende su eternidad el alma.

Como vastas culebras que vigilan su presa,
los heleros se arrastran desde el viejo granito
donde una nieve virgen y eternamente ilesa
defiende las fronteras de su reino infinito.

Para despecho y mofa del hombre, el sol y el hielo
han alzado mil torres en su quietud augusta,
y prodigiosamente han almenado el cielo
de la ciudad que duerme sobre la cumbre adusta.

¡Oh ciudad de la muerte silenciosa y torreada
de luz! ¡Oh fiel muralla de hielo inexpugnable!
¡No, ciudad, no!: corriente de muerte desbordada
que arrastra desde el cielo su ruina innumerable.

¡Oh perpetuo sonido de su rodar! ¡Oh abetos
arrancados de cuajo y arrollados cual briznas;
y rotos pinos verdes que en sus ramajes quietos
aún guardan un perfume de calladas lloviznas!

¡Corroída por el tiempo, como del hombre el pecho
por el dolor, la roca, múltiple y despeñada
desde el glaciar remoto, poco a poco ha deshecho
los lindes entre el mundo de la vida y la nada!

¡El reino donde habitan el bruto, la gacela,
los mínimos insectos, la hierba verde, el rojo
pechirrojo dorado que en primavera vuela;
todo a sus plantas yace y es estéril despojo!

Huye el hombre transido de terror; su morada
y su labor son humo desvanecido; rueda

lejos su estirpe eterna, que es al azar llevada
cual flota en la tormenta remota polvareda.

Allá abajo relumbran anchas grutas, de donde
raudos torrentes brotan que su tumulto frío
juntan, y verde espuma que aparece y se esconde
entre secretas piedras hasta formar un río.

¡Y su augusto silencio va sonando a los mares
y atravesando tierras desde la nieve viva;
y en sus aguas se duermen paisajes y pinares,
mientras la espuma corre cual cierva fugitiva!...

5

Todavía relumbra Mont Blanc en la distancia,
afirmando en la tierra su imperial fortaleza
y majestad: luz múltiple; múltiple resonancia;
y mucha muerte y vida dentro de su belleza.

En la penumbra quieta de las noches sin luna,
o en el fulgor absorto del día, cae la nieve
sobre la excelsa cumbre: su soledad ninguna
presencia humana rompe, ni su silencio leve.

Nadie la ve o escucha. Ni cuando el sol retira
su luz y copo a copo la cumbre palidece;
ni en la callada noche que en el silencio gira
y en las estrellas limpias hermosamente crece.

Los vientos se combaten en silencio, empujando
la nieve con su aliento veloz y poderoso;
¡pero siempre en silencio!, y al volar agrupando
los copos en montones de blancor silencioso.

Sobre estas soledades donde nace y habita
el relámpago pasa sin voz, y su sonido
inocente resbala por la cumbre infinita
como niebla que flota sobre el valle dormido.

Te anima, ¡oh cumbre sola!, la Fuerza, la escondida
Fuerza del universo, que el alma humana llena,
y que a su ley eterna mantiene sometida
la anchura de los cielos que en el silencio suena.

Mas ¿dónde tu ribera, tu porvenir en dónde;
y el del mar y las rocas y las altas estrellas,
si tras el sueño humano la soledad no esconde
más que un rumor vacío y un desierto sin huellas?

[L. P.]

[1816]

ODA AL CIELO

Coro de Espíritus

Primer Espíritu

¡Oh techumbre sin nubes del palacio
de la noche! ¡Dorado paraíso
de la luz! ¡Silencioso y vasto espacio
que hoy como ayer relumbras!... ¡Cuanto quiso
el alma y cuanto quiere en ti descansa;
el presente y pasado de la eterna
edad del hombre eres! ¡Lumbre mansa
de su templo y hogar! ¡Cámara interna
de su gran soledad! ¡Bóveda oscura
y dosel sempiterno y transparente
del porvenir, que teje su futura
edad desde la sombra del presente!

Formas gloriosas viven de tu vida
la tierra y la terrena muchedumbre;
las vivientes esferas donde anida
la luz, como la nieve en una cumbre;
la hondura del abismo y el desierto;
las verdes orbes que te surcan suaves;
y los astros que van cual surco abierto
en la espuma del mar tras de las naves;
la helada luna deslumbrada y fría;
y, más allá de tu nocturno velo,
los soles poderosos de alegría
abren su intensa luz a todo el cielo.

¡Como el del mismo Dios tu nombre suena,
oh cielo! En tu mansión secreta habita
la Potencia divina que lo llena,

y es el cristal en donde ve infinita
el hombre su mortal naturaleza.
Una tras otra las generaciones
se arrodillan al pie de tu belleza,
y te brindan, aladas, sus canciones.
Sus efímeros dioses y ellos mismos
pasan igual que un río cuando crece
sin un eco dejar en tus abismos.
Pero tu luz eterna permanece.

Segundo Espíritu

No eres sino la cámara primera
del espíritu: en ti pasó su infancia;
y trepó como verde enredadera
a ti su fantasía y su fragancia.
¡Cual débiles insectos que una cueva
de áureas estalactitas llenan, leves,
habitaron en ti; y a ti los lleva
la muerte donde un mundo nuevo mueves
de delicias, que harán tus pobres glorias
palidecer, y parecer pequeño
tu asiento, y sin enjundia tus memorias,
como la sombra inmaterial de un sueño!

Tercer Espíritu

¡Paz! ¡El desdén del cielo en ti se goza
al ver tu presunción, átomo ciego!
¿Qué es el azul que tu mirada roza?
¿Quién eres tú para heredar el fuego
de su ámbito vacío? ¿Qué son Marte,
y Sirio, y las estrellas cuyo vuelo
el alma misma de que formas parte
conduce por las órbitas del cielo?
¡Son gotas nada más que el poderoso
corazón de la fiel naturaleza
vierte en venas de luz y de reposo!
No tornes, para verlas, la cabeza.

¿Qué es el cielo? ¡Un volumen de rocío
llenando hasta los bordes la mañana,
y abriendo de delicia y dulce frío
el verde seno de la flor temprana,
que en un mundo reciente se despierta
de constelados soles y de intacta
gracia, que vuela de su tallo abierta
por su órbita infinita y siempre exacta!
¡En tan frágil esfera está encerrado
el cielo innumerable que palpita
de estrellas; y su efímero reinado
brilla trémulamente y se marchita!

[L. P.]

[1819]

OZYMANDIAS

Encontré un viajero de comarcas remotas,
que me dijo: «Dos piernas de granito, sin tronco,
yacen en el desierto. Cerca, en la arena, rotas,
las facciones de un rostro duermen... El ceño bronco,

el labio contraído por el desdén, el gesto
imperativo y tenso, del escultor conservan
la penetrante fuerza que al esculpir ha puesto
en su mano la burla del alma que preservan.

Estas palabras solas el pedestal conmina:
"Me llamo Ozymandias, rey de reyes. ¡Aprende
en mi obra, oh poderoso, y al verla desespera!"

Nada más permanece. Y en torno a la ruina
del colosal naufragio, sin límites, se extiende
la arena lisa y sola que en el principio era.»

[L. P.]

[1817]

LA PREGUNTA

Soñé que al caminar, extraviado,
se trocaba el invierno en primavera,
y el alma me llevó su olor mezclado
con el claro sonar de la ribera.
En su borde de césped sombreado
vi una zarza que osaba, prisionera,
la otra orilla alcanzar con una rama,
como suele en sus sueños el que ama.

Allí la leve anémona y violeta
brotaban, y estelares margaritas
constelando la hierba nunca quieta;
campánulas azules; velloritas
que apenas rompen su mansión secreta
al crecer; y narciso de infinitas
gotas desfallecido, que del viento
la música acompasa y movimiento.

Y en la tibia ribera la eglantina,
la madreselva verde y la lunada;
los cerezos en flor; la copa fina
del lirio, hasta los bordes derramada;
las rosas; y la hiedra que camina
entre sus propias ramas enlazada;
y azules o sombrías, áureas, rosas,
flores que nadie corta tan hermosas.

Mas cerca de la orilla que temblaba
la espadaña su nieve enrojecía,
y entre líquida juncia se doblaba.
El lánguido nenúfar parecía
como un rayo de luna que pasaba
entre los robles verdes; y moría

junto a esas cañas de verdor tan fino,
que el alma pulsan con rumor divino.

Pensé que de estas flores visionarias
cortaba un verde ramo, entretejido
con sus juntas bellezas y contrarias,
para guardar las horas que he vivido,
las horas y las flores solitarias,
en mi mano infantil, igual que un nido.
Me apresuré a volver. Mis labios: «¡Ten
estas flores!», dijeron. Pero ¿a quién?

[L. P.]
[1820]

HIMNO A LA BELLEZA INTELECTUAL

I

La abrumadora sombra de algún Poder no visto
entre nosotros flota, aun sin verse: visita
este variado mundo con alas tan cambiantes
como vientos de estío que van de flor en flor;
como rayo de luna tras la lluvia entre pinos,
visita con mirada inconstante, asomando
a cada corazón humano, a cada rostro;
como las armonías y matices de ocaso,
como nubes dispersas en la luz estelar,
como recuerdo de una música que escapó,
como cuanto podría amarse por su gracia
y aún más por su misterio.

II

Alma de la Belleza, que consagras así
con tus olores todo aquello en que refulges
de forma o pensamiento humano, ¿a dónde has ido?
¿Por qué desapareces y dejas nuestro ser,
este valle de lágrimas, borroso y desolado?
Pregunta por qué el sol no teje para siempre
un arco iris encima de ese río de monte,
por qué sueños y miedo, y muerte y nacimiento
lanzan sobre la luz del día de esta tierra
tal tiniebla; ¿por qué es tan capaz el hombre
para el amor y el odio, esperanza y hastío?

III

Ninguna voz de un mundo más sublime jamás
ha dado esas respuestas al sabio o al poeta,

y, por tanto, los nombres de Espíritu, Demonio
y Cielo son recuerdos sólo de un vano empeño,
frágiles dichos cuyo encanto pronunciado
no cabe separar de cuanto se oye y ve,
la duda y el azar, la mutabilidad.
Sola tu luz: neblina por montes empujada,
o música que envía el viento de la noche
a través de las cuerdas de un callado instrumento,
o la luz de la luna en un río nocturno,
al sueño inquieto de esta vida, es verdad y gracia.

IV

Amor, estima propia, esperanza: se van
y vienen como nubes, y en préstamo fugaz
como si el hombre fuera inmortal, poderoso,
tú, la desconocida y temible, en su espíritu
te estableces en firme con tu gloriosa escolta.
¡Oh tú, la mensajera de esos entendimientos
que crecen y descienden en los ojos que se aman,
tú que das alimento al pensamiento humano,
como la oscuridad a una llama que muere!
No te marches de aquí como llegó tu sombra,
no te marches, no sea que vaya a ser la tumba,
como el miedo y la vida, una realidad negra.

V

Muchacho aún, buscaba espíritus, corriendo
por ámbitos que oían, por cavernas y ruinas,
y bosques estrellados, persiguiendo con miedo
esperanzas de un alto conversar con los muertos.
Palabras venenosas grité, con que se nutre
nuestra juventud: no me oyeron, no les vi,
mientras que meditaba la suerte de esta vida
en ese dulce tiempo en que el viento corteja
todas las cosas vivas que despiertan trayendo
noticias sobre pájaros y sobre floraciones:
de repente, tu sombra cayó sobre mí: ¡di
un grito y apreté en éxtasis mis manos!

VI

Entonces hice voto de consagrar mis fuerzas
a ti y lo tuyo: ¿acaso no lo cumplí? Con ojos
llenos y corazón apresurado, ahora
a los fantasmas llamo de mil horas, cada uno
de su tumba sin voz: en visionarias frondas
de celo cuidadoso o de placer de amor
tras la envidiosa noche, han velado conmigo:
saben que nunca el gozo iluminó mi frente
sin tener la esperanza de que liberarías
al mundo de su oscura esclavitud; que tú,
oh abrumadora gracia amable, donarías
todo lo que no pueden expresar las palabras.

VII

El día se va haciendo más solemne y sereno
después del mediodía; una armonía crece
en otoño, y un brillo en el cielo, que nunca
se escuchó ni se vio a través del verano,
¡como si no pudiera ser, y no hubiera sido!
Así haz que tu poder, que, como la verdad
de la naturaleza en mi niñez pasiva,
descendió, proporcione a mi vida interior
su calma —para mí, para éste que te adora
y adora toda forma que te contiene a ti,
a quien, hermoso Espíritu, ligaron tus conjuros
a temerse y a amar a la humanidad toda.

[1816]

PROMETEO DESENCADENADO

[Del Acto I]

Escena. *Un barranco de rocas heladas en el Cáucaso indio. Se ve a* Prometeo *atado al precipicio.* Panthea *e* Ione *están sentadas a sus pies. La hora, de noche. Durante esta escena amanece lentamente.*

Prometeo. Monarca de los Dioses y Demonios, y todos
los Espíritus, menos Uno, que vais corriendo
agolpados por esos claros mundos en giro
que Tú y Yo, solamente, entre los seres vivos,
observamos con ojos que no duermen: contempla
la Tierra, pululante de tus esclavos, que haces
arrodillarse, orar y rendir alabanza,
y sufrir, y caer en vastas hecatombes
de corazones rotos, con temor y desprecio
de sí mismos, y sólo estéril esperanza,
mientras a mí, que soy tu enemigo, cegado
de odio, me haces reinar, triunfante, para escarnio
tuyo, sobre mis penas y tu vana venganza.
Tres mil años en horas sin cobijo de sueño,
de instantes divididos por agudos espasmos
hasta parecer años, tortura y soledad,
desesperanza, escarnio: todo eso es mi reino,
más glorioso que el reino que tú contemplas desde
tu trono no envidiado, ¡oh poderoso dios!
Tú, fuerte, si me hubiera dignado compartir
la vergüenza de tu perversa tiranía,
no me vería aquí colgado, así clavado
al muro de este monte que hace impotente al águila,
irreal, negro, muerto, sin medida; sin hierbas
ni insectos, ni cuadrúpedos, forma o ruido de vida,
¡ay de mí, ay dolor, ay, dolor para siempre!
¡Sin cambiar, y sin pausa ni esperanza! Yo aguanto.

A la tierra pregunto: ¿lo sienten las montañas?
A ti, Cielo, pregunto: el Sol que lo ve todo
¿no lo ha visto? Y el mar, en tormenta o en calma,
esa sombra cambiante del cielo, abierta abajo,
¿no han oído sus sordas olas esta mi angustia?
¡Ay de mí, ay dolor, ay, dolor para siempre!
Los glaciares reptantes me atraviesan con dardos
de cristales de luna helada, las cadenas
fulgentes me devoran los huesos con su ardiente
frío: el lebrel alado del Cielo con su hocico
manchado de tus labios, con veneno no suyo,
me rasga el corazón: pasan sombras sin forma
a mi lado, los súbditos espectrales del reino
del sueño, y se me burlan: los demonios
del Terremoto tienen orden de retorcer
los remaches que ligan mis llagas temblorosas,
al partirse las rocas y volverse a cerrar:
mientras de sus abismos ruidosos salen y aúllan
genios de la tormenta apremiando a la cólera
del torbellino, a herirme con agudo granizo.
Pero son bienvenidos para mí día y noche,
tanto si rompe aquél la escarcha de la aurora
o si ésta trepa, vaga y estrellada, en penumbra,
el oriente plomizo; porque mueven entonces
las horas arrastrándose sin alas, y una de ellas
—mientras algún oscuro sacerdote a una víctima
reacia lleve a rastras— a ti te arrastrará,
rey cruel, a que beses la sangre de estos pálidos
pies, que entonces podrían pisotearte, si no
despreciaran a un siervo tan postrado. ¿Desprecio?
¡Ah no! Te compadezco. ¡Qué destrucción te irá
persiguiendo, indefenso, por todo el ancho cielo!
¡Cómo tu alma, partida de terror hasta lo hondo,
se abrirá como infierno por dentro! Hablo afligido,
no con exultación, porque ya no odio más
como cuando la pena me aleccionó. Querría
borrar la maldición que lancé sobre ti
hace mucho. Oh montañas, de voces de ecos múltiples,
a través de la niebla de cascadas, ¡tapad
el trueno del conjuro! ¡Heladas fuentes, lentas
de plegadas escarchas, que vibrasteis oyéndome
y luego, estremecidas, huisteis a la India!

¡Tú, aire sereno donde el Sol camina y arde
sin rayos! ¡Y vosotros, veloces torbellinos
que, con alas en vilo, estabais suspendidos
sobre ese abismo mudo, cuando el trueno, más fuerte
que el vuestro, sacudió las órbitas del mundo!
Si entonces mis palabras tuvieron poder, aunque
hoy estoy tan cambiado que todo mal deseo
ha muerto en mí, y no tengo ni recuerdo el odio,
¡no las dejéis ahora sueltas! Pues bien me oísteis.

PRIMERA VOZ *(desde las montañas)*

Por tres veces trescientos mil años estuvimos
sobre el lecho del terremoto;
a menudo, como hombres convulsos de temores,
en nuestra multitud temblamos.

SEGUNDA VOZ *(desde las fuentes)*

Los rayos nos habían resecado nuestra agua,
de sangre amarga nos manchamos,
hasta quedarnos mudas, entre ayes de matanza,
por una ciudad y una soledad.

TERCERA VOZ *(desde el aire)*

En el aire cerniéndonos, al pie de estas montañas,
pasamos eras sin descanso: el trueno,
las fuentes llameantes del volcán,
todo poder de abajo o de lo alto,
no nos enmudecieron con su asombro.

PRIMERA VOZ

Pero nunca inclinamos nuestra cima nevada
como a la voz de tu inquietud.

SEGUNDA VOZ

Nunca un sonido tal
hasta el mar de las Indias transportamos.
Un piloto dormido en el rugiente mar

saltó de la cubierta con angustia,
y oyó, y gritó: ¡Ay de mí! y miró, tan loco
como pueden estar las olas.

Tercera Voz

Por tus graves palabras desde la Tierra al Cielo
mi tranquilo dominio nunca fue desgarrado:
al cerrarse su herida, ahí quedaba
tiniebla sobre el día como sangre.

Cuarta Voz

Nos echamos atrás: pues sueños de desastre,
a cavernas heladas persiguiéndonos,
nos hicieron quedar en silencio —así, aunque
para nosotros es el silencio un infierno.

La Tierra. Las cavernas sin lengua de los ásperos montes
gritaron luego: ¡Horror!; respondió el hueco Cielo,
¡Horror!; y las purpúreas ondas del ancho mar,
entrando en tierra, aullaron al azote del viento
y lo oyeron las pálidas naciones así: ¡Horror!
Prometeo. Oí voces sonando: no la voz que lancé
yo. Madre, tú y tus hijos despreciáis a aquel sin
cuyo querer, que todo lo aguanta sometido
al feroz albedrío de Jove omnipotente,
os habríais borrado, tú y ellos, como niebla
en brisa mañanera. ¿Ya no me conocéis
a mí, al Titán? ¿al que hizo de su angustia barrera
contra vuestro enemigo, en lo demás triunfante?
Oh hierbas entre rocas, arroyos de la nieve
nutridos, ahora vistos entre nieblas de lo hondo,
por cuyos densos bosques antaño caminé
con Asia, de sus ojos amados recibiendo
vida: ¿por qué desprecia comunicar conmigo
el espíritu que os da forma? Sólo a mí,
que refrené, lo mismo que a un auriga arrastrado
por demonios, la fuerza y la falsía de ése
que reina en lo más alto, y con ayes de esclavos
llena vuestras cañadas y húmedas soledades:
¿por qué no contestáis? ¡Hermanos!

La Tierra.   No se atreven.
Prometeo. ¿Quién se atreve? Querría oír la maldición
otra vez. ¿Qué susurro terrible se levanta?
Apenas es sonido: por la bóveda vibra
como el rayo cerniéndose antes de golpear.
¡Habla, Espíritu! Habla por tu voz inorgánica;
sólo sé que te mueves aquí cerca, y sé que amas.
¿Cómo le maldecí?
La Tierra.   ¿Cómo puedes oír
sin saber el lenguaje de los muertos?
Prometeo.   Pues tú eres
un espíritu vivo: habla lo mismo que él.
La Tierra. No oso hablar igual como la vida, no sea que
el feroz rey del Cielo me oiga, y me ate a una rueda
de tortura peor que la rueda en que giro.
Sutil eres y bueno, y por más que los dioses
no oigan tu voz, tú eres más que si fueras dios,
por sabio y por benigno: escucha ahora en serio.
Prometeo. Por mi mente en penumbra, sombras confusas
negras ideas, rápidas, apretadas. Me siento   [pasan,
desmayar, como unido en amor que empareja:
pero esto no es placer.
La Tierra.   No, no puedes oír:
tú eres un inmortal, y esta lengua la saben
sólo aquellos que mueren.
Prometeo.   Y entonces ¿qué eres tú,
melancólica Voz?
La Tierra.   Soy la tierra, tu madre,
por cuyas pétreas venas hasta la última fibra
del árbol más altivo cuyas hojas sutiles
temblaban en el aire helado, la alegría
corrió como la sangre en un cuerpo viviente,
cuando surgiste tú de su seno, cual nube
de gloria, tú, ¡un espíritu vibrante de alegría!
Y ante tu voz, sus hijos quejosos levantaron
sus frentes humilladas del infamante polvo,
y nuestro omnipotente tirano con temor
palideció, hasta que su trueno aquí te ató.
Mira, el millón de mundos ardiendo y dando vueltas
en torno nuestro: sus habitantes miraron
morir mi luz en órbita por el gran cielo: el mar
se levantó en extraña tempestad, nuevo fuego

desde montes partidos por terremotos, bajo
clara nieve, agitó su rara cabellera
bajo el ceño del cielo: rayos e inundaciones
asolaron los llanos: cubrieron sus ciudades
azules cardos: sapos jadeantes y hambrientos
se deslizaron hasta los cuartos del placer:
cuando cayó la Peste en hombre, insecto y bestia,
y el hambre, y negra plaga en árboles y hierbas,
y en el trigo y las viñas y la hierba del prado
salieron venenosos hierbajos no arrancables,
vaciando su vida, pues se secó mi pecho
de pena; y el sutil aire, mi aliento, estaba
manchado del contagio del odio de una madre
lanzado al destructor de su hijo: sí, escuché
tu maldición: que, incluso si acaso no recuerdas,
mis incontables mares y ríos y montañas,
y cavernas y vientos, y todo ese ancho aire,
y el pueblo sin lenguaje de los muertos, conservan
un conjuro, en tesoro. Meditamos con gozo
secreto y esperanza tan terribles palabras
sin osar pronunciarlas.
PROMETEO.   ¡Oh madre venerable!
Todos los demás, vivos y sufrientes, reciben
de ti consuelo: flores, frutos, sones felices,
y amor, aun pasajero; de eso, nada será
mío. Mas mis palabras, no me las niegues: dímelas.
LA TIERRA. Se dirán. Antes que Babilonia se hundiera,
el Mago Zoroastro, mi hijo difunto, halló
la imagen de sí mismo andando en el jardín.
Él, solo entre los hombres, vio tal aparición,
pues has de saber que hay dos mundos, vida y muerte:
uno, el que tú contemplas: pero el otro se encuentra
debajo de la tumba, donde habitan las sombras
de toda forma que piensa y que vive, en tanto
la muerte no las une, sin separarse más;
los sueños y las leves fantasías del hombre
todo cuanto la fe crea o el amor quiere,
formas terribles, raras, hermosas y sublimes.
Ahí estás, tú, colgado, una sombra convulsa,
entre montes poblados de ciclones; los dioses
están todos ahí, y todos los poderes
sin nombres de universos; héroes, hombres, bestias;

y ahí está Demogorgon, tenebroso y temible;
y en lo alto el Tirano Supremo, en su alto trono
de oro ardiente. Hijo mío, uno de ésos dirá
la maldición que todos recuerdan. A tu gusto
llama a tu propio espíritu, o al de Júpiter, de Hades
o de Tifón, o de otros dioses más poderosos
que han surgido del Mal prolífico después
de tu ruina, pisando a mis postrados hijos.
Pregunta, y responderte deben: que la venganza
del Supremo pudiera barrer sombras vacías,
como viento de lluvia la puerta abandonada
de un palacio caído.
PROMETEO.   Madre, no dejes nada
de cuanto sea malo, salir fuera de nuevo
de mis labios, o de otros parecidos a mí.
¡Tú, Fantasma de Júpiter, levántate, aparece!
. . . .
FANTASMA DE JÚPITER.   ¿Por qué me han empujado aquí
                        [fuerzas secretas
de este extraño universo, frágil, vano fantasma,
en terribles tormentas? ¿Qué sonidos insólitos
se ciernen en mis labios, diversos de la voz
con que nuestro linaje pálido, espectral, habla
en tiniebla? Orgulloso sufridor, ¿tú quién eres?
PROMETEO. Tremenda Imagen, tal como tú debe ser
Aquel de que eres sombra. Soy su enemigo, soy
el Titán. Dime aquello que yo querría oír,
aunque ningún pensar dé forma a tu vacía
voz.
LA TIERRA.
¡Oye! Y aunque deben ser mudos ecos vuestros,
grises montes, antiguos bosques, fuentes con genios,
proféticas cavernas, ríos rodeando islas,
oíd con gozo aquello que aún no podéis decir.
FANTASMA DE J. Me domina un espíritu hablando en mi
                              [interior:
me rasga como el fuego una nube de truenos.
PANTHEA. Vedle elevar el rostro poderoso: y arriba
el cielo oscurecerse.
IONE.   ¡Habla! ¡Dadme refugio!
PROMETEO. Veo la maldición en frío, altivo gesto,
y aire de desafío firme, y de odio tranquilo,

y esa desesperanza que sonriendo se burla
de sí misma, pintadas como en un pergamino:
pero habla, ¡habla, Fantasma!

Fantasma

¡Diablo, te desafío! Con mente calma y fija,
te invito a que hagas todo cuanto infligirme puedas;
turbio Tirano, a un tiempo, de dioses y de humanos,
a un solo ser no habrás de dominar jamás.
Llueve entonces tus plagas sobre mí, que aquí estoy,
la peste fantasmal y el miedo en frenesí;
haz que el fuego y la escarcha alternen devorándome
mi interior, y haz que sea tu cólera el relámpago,
y el cortante granizo, y las furias formadas
en legión, impulsadas por tormentas hirientes.

Sí, haz lo peor que sepas. ¡Eres omnipotente!
sobre todas las cosas te he otorgado poder,
menos sobre ti mismo y mi voluntad. Manda
desde tu torre etérea tus raudos males, para
hundir la humanidad. Que tu maligno espíritu
flote en tinieblas sobre aquellos a los que amo:
impreco contra mí y los míos la extrema
tortura de tus odios: y así, dedica sólo
a la angustia sin sueño esa inmortal cabeza,
mientras debes reinar en la altura celeste.

Mas tú, que eres el Dios y eres el Señor: oh
tú que llevas con tu alma este mundo de penas,
a quien venera todo lo que hay en tierra y cielo,
con temor y respeto: ¡enemigo triunfante!
¡Yo te maldigo! Que esta maldición de quien sufre
se aferre a ti, el verdugo, como un remordimiento;
hasta que así tu propia infinitud se vuelva
como un manto de angustia envenenada; y sea
tu omnipotencia aguda corona de dolor,
como oro ardiente en torno de tus sesos disueltos.

Amontónense en tu alma, por esta maldición,
maldades, y que quedes condenado, mirando
el bien; los dos sin fin, como es el universo,

y tú, en tu soledad, de tortura a ti mismo.
Aunque hoy estés sentado como imagen terrible
de tranquilo poder, deja a la hora llegar
en que debes por fin parecer eso que eres
en tu interior; y luego de tanto falso crimen
sin fruto, despreciar, observar tu caída
a través del espacio y el tiempo ilimitados.
PROMETEO.
¿Mis palabras así fueron, oh Engendradora?
TIERRA. Así.
PROMETEO. Me arrepiento: son vanas y raudas las pala-
[bras;
el dolor, algún tiempo, es ciego: así fue el mío.
No quiero que ningún ser vivo sufra dolor.

LA TIERRA

Oh, dolor para mí,
que Júpiter al fin vaya a vencerte.
Gemid, aullad bien fuerte, tierra y mar:
respóndate el partido corazón de la Tierra.
Espíritus de vivos y de muertos, aullad:
vuestro albergue y defensa ha caído, vencido.

PRIMER ECO

¡Ha caído, vencido!

SEGUNDO ECO

¡Ha caído, vencido!

IONE

No temáis: es tan sólo un pasajero espasmo:
el Titán sigue invicto.
Pero ved: a través de la azul abertura
de esos montes nevados en un valle,
hollando los oblicuos vientos de las alturas
con doradas sandalias en los pies, que fulguran
bajo penachos púrpuras,
como marfil de rosa ensangrentado,

viene ahora una Forma levantando a lo alto
con su diestra una vara que ciñe una serpiente.

Panthea

Es Mercurio, el heraldo de Jove por el mundo.

Ione

¿Y quién son ésos con trenzados de hidra
y alas de hierro, que los vientos trepan,
a quien el dios ceñudo ve frenando
como vapores que quedan atrás,
con gran estruendo, multitud sin fin...?

Panthea

Son las perras de Jove, que andan por las tormentas,
y que él sacia con sangre y con gemidos
cuando en su carro de sulfúreas nubes
irrumpe de los límites del Cielo.

Ione

¿Van llevadas ahora a ser nutridas
con nuevos estertores de los pálidos muertos?

Panthea

El Titán, como siempre, está firme, no altivo.

Primera Furia. ¡Ah, huelo vida!
Segunda Furia.   Quiero mirar sólo a sus
[ojos.
Tercera Furia. La esperanza, por fin, de atormentarle
[huele
como un montón de muertos a un cuervo tras la guerra.
Primera Furia. No quieras demorarte, ¡oh Heraldo! Ani-
Perras del Cielo; ¿qué, si pronto nos sirviera   [maos,
de alimento y juguete Prometeo, el de Maia?
¿Quién al omnipotente placerá mucho tiempo?
Mercurio. Volved a vuestras torres de hierro y rechinad,

cerca de los torrentes de fuego y ayes, vuestros
dientes sin alimento. ¡Gerión sube! Y, Gorgona,
Quimera, y tú, la Esfinge, el diablo más sutil
que a Tebas escanciaste el vino ponzoñoso
del Cielo, amor en contra de la naturaleza,
y aún más innatural odio: éstos harán
vuestra tarea.
PRIMERA FURIA.
                   ¡Oh no, piedad, piedad: estamos
muriendo de deseo: no nos eches atrás!
MERCURIO.   Tendeos en silencio. ¡Terrible Sufridor!
A ti, de mala gana, muy mala gana vengo,
enviado aquí abajo por querer del gran Padre,
a ejecutar condena de una nueva venganza.
Te compadezco a ti, me detesto a mí mismo
por no poder dejarlo: al regresar de verte,
en mucho tiempo, el Cielo parecerá el Infierno,
pues tu forma gastada me acosa noche y día,
sonriendo en reproche. Prudente, bueno y firme
eres, mas es en vano que te levantes solo
contra el Omnipotente: como esas claras lámparas
que miden y dividen los días fatigados
de los que no hay refugio, largamente he enseñado
y debo enseñar mucho. Tu Atormentador ya,
con extraño poder de dolores no vistos,
arma fuerzas que inventan en el Infierno lentas
angustias, y mi encargo es traerlas aquí,
o a los demonios más sucios, sutiles, fieros
que pueblan el abismo, sueltos a tal tarea.
¡No sea así! Un secreto existe, que tú sabes
y nadie más de todos los seres vivos: algo
que puede transferir el cetro de los Cielos,
cuyo temor preocupa al Supremo, perplejo:
vístelo de palabras, y mándalo aferrar
su trono con el ruego: inclina tu alma orando
y como un suplicante ante una alta bandera,
postra tu voluntad en tu ánimo orgulloso:
pues la sumisión mansa doma a los más feroces
y potentes.
PROMETEO.   Las mentes malas cambian lo bueno
a su modo de ser. Yo le di cuanto tiene
y en respuesta me guarda encadenado aquí,

años, eras, de noche y de día; con sol
partiendo mi reseca piel, o mientras, con luna,
las alas cristalinas de la nieve me ciñen
el pelo: en tanto sigue pisoteada mi amada
raza por los ministros que ejecutan sus órdenes.
Tal es la recompensa del tirano: es lo justo:
el que es malo no puede recibir nada bueno;
por un mundo otorgado, o un amigo perdido
siente vergüenza y odio; no siente gratitud:
no hace sino pagarme por su propio delito.
Con tal ser, la bondad es agudo reproche
que rompe con amargo aguijón el ligero
sueño de la Venganza. Sumisión, tú ya sabes
que no puedo intentarla: pues ¿cuál aceptaría
él sino la palabra fatal, sello de muerte
del cautiverio humano, igual que aquella espada
de Damocles, colgando de un pelo, que se cierne
sobre su realeza? ¿Podría ceder yo?
Al Mal adulen otros, mientras está en su trono
de breve omnipotencia: ellos están a salvo:
pues la Justicia, cuando triunfe, llorará lágrimas
de piedad, no castigo, en sus propios agravios,
demasiado vengada por quienes yerran. Yo,
aguantando así, espero la hora de la justicia,
que está más cerca desde que empezamos a hablar.
Pero oye el ruido de esas perras del diablo: temo
retrasos. ¡Mira! El Cielo desciende bajo el ceño
dc tu Padre.

MERCURIO. ¡Ojalá nos salváramos: yo
de infligir mal, tú de sufrir! Mas respóndeme:
¿no conoces el término del reinado de Júpiter?

PROMETEO. Tan sólo sé que debe terminar.

MERCURIO. ¡Ay! ¿No puedes
contar tus años para salir de ese dolor?

PROMETEO. Durará mientras reine Jove: ni más ni menos
deseo o temo.

MERCURIO. Pero haz una pausa y húndete
en la Eternidad, donde el tiempo registrado,
y cuanto imaginamos, de una edad a otra edad,
parece sólo un punto, y la mente reacia
se desmaya, cansada, en su vuelo sin fin,
hasta hundirse, aturdida, ciega, perdida, inerme;

¿acaso no ha contado los demorados años
que tienes que pasar, sin perdón, en tortura?
PROMETEO. Quizá no hay pensamiento que los cuente: mas
[pasan.
MERCURIO. ¿Si pudieras morar, en tanto, con los dioses,
envuelto en dulces gozos?
PROMETEO. Yo no abandonaría
este horrible barranco, este dolor sin tregua.
MERCURIO. ¡Ay! Te admiro, y también te tengo compasión.
PROMETEO. Más bien debes tenerla por los siervos del
[Cielo,
de sí despreciadores, no por mí, que en mi alma
está la paz serena, como en el sol la luz:
¡qué vano este charlar!

. . . .

ACTO II, ESCENA IV

La Cueva de DEMOGORGON. ASIA *y* PANTHEA.

PANTHEA. ¿Qué velada figura hay en un trono de ébano?
ASIA. Cayó el velo.
PANTHEA. Allí ocupa una potente sombra
la sede del poder, y rayos de tiniebla
se disparan en torno, como del sol en cenit:
sin forma, sin poder ser mirada; sin miembros,
ni forma, ni contorno; pero notamos que es
un Espíritu vivo.
DEMOGORGON. Di qué quieres saber.
ASIA. ¿Qué me puedes decir?
DEMOGORGON. Cuanto oses preguntar.
ASIA. ¿Quién hizo el mundo vivo?
DEMOGORGON. Dios.
ASIA. ¿Y quién hizo todo
lo que hay en él: pasión, ideas, voluntad,
razón y fantasía?
DEMOGORGON. Dios: Dios omnipotente.
ASIA. ¿Y quién hizo el sentido, que en la dulce visita

del viento en primavera, o con la voz amada
que se oyó solamente en la juventud, llena
los ojos desmayados de lágrimas que borran
los colores radiantes de las flores serenas,
y en soledad convierte esta poblada tierra
cuando no vuelve más?

DEMOGORGON.   Dios misericordioso.

ASIA. ¿Y quién hizo el terror, el crimen, la locura,
quién el remordimiento, que de los eslabones
de la vasta cadena de las cosas, a todo
pensamiento en el alma del hombre aparta y frena
pesadamente, y lleva bajo esta carga, dando
vueltas hacia el abismo de la muerte: esperanza
abandonada, amor que se convierte en odio;
desprecio de sí mismo, bebida más amarga
que la sangre: dolor de familiar lenguaje
no atendido, con gritos agudos, sin cesar:
y el Infierno, o el duro miedo al Infierno?

DEMOGORGON.   Él reina.

ASIA. Di su nombre: hay un mundo doliente que pregunta
su nombre: maldiciones han de arrastrarle abajo.

DEMOGORGON. Él reina, sí.

ASIA.   Lo sé, lo noto, ¿quién?

DEMOGORGON.   Él reina.

ASIA. ¿Quién reina? En el principio había cielo y tierra,
y luz y amor; después, Saturno, y de su trono
cayó el Tiempo, envidiosa sombra: y así estuvieron
los espíritus prístinos de la tierra a su mando,
como el gozo tranquilo de flores y hojas vivas
antes que el sol o el viento las marchite, y gusanos
semivitales, pero él les rehusó el derecho
natural a su ser, poder, conocimiento,
el saber que conjuga los elementos varios,
la idea que traspasa como luz este mundo
en penumbra, el imperio de sí, la majestad
del amor: con sed de esto desmayaban. Entonces
Prometeo dio a Júpiter buen juicio, que es poder,
y con él y esta ley sola: «El hombre sea libre»,
le revistió del mando en la anchura del Cielo.
No conocer confianza, ni amor, ni leyes: ser
omnipotente sin amigos es reinar:
y entonces reinó Júpiter: sobre la raza humana

cayeron hambre, y luego trabajo, enfermedad,
guerra, heridas, la muerte espectral nunca vista,
las duras estaciones, con alternantes dardos
de escarcha y fuego, echaron a cuevas de montañas
a sus pálidas tribus sin cobijo: y mandaron
fieros deseos a sus corazones desiertos,
y locas inquietudes, sombras vanas de bienes
irreales, que armaron guerras de unos con otros,
destrozando el hogar donde se enfurecían.
Prometeo lo vio y despertó esperanzas
en legiones, dormidas, en flores del Elíseo,
nepente y amaranto, que nunca se marchitan,
para tapar con alas sutiles de arco iris
la forma de la Muerte; y envió a Amor a ligar
los desunidos pámpanos de esa viña que da
el vino de la vida, el corazón humano;
y domó el fuego que, como animal rapaz,
terrible, pero amable, se removía bajo
el ceño humano: a su aire torturó el oro, el hierro,
los esclavos, los signos del poder, los venenos
y las gemas, y todas las formas más sutiles
que se escondían, bajo los montes y las olas.
Al hombre dio el lenguaje; el lenguaje creó
el pensamiento, que es la medida del mundo;
y la Ciencia golpeó los tronos de la tierra
y el cielo, que, agitados, no cayeron: la mente
armoniosa se alzó en canto omniprofético:
la música elevó al alma que escuchaba
hasta caminar, libre de cuidado mortal,
divina, por las claras ondas de dulces sones;
y las manos humanas imitaron primero,
y luego se burlaron, con modelados miembros
más bellos que los propios, de la figura humana,
hasta que el mármol se hizo divino: y contemplando,
las madres el amor bebieron que los hombres
encuentran reflejado en su raza, y perecen.
Dijo el poder oculto de hierbas y de fuentes,
y así la Enfermedad bebió y durmió. La muerte
como el sueño creció. Él enseñó las órbitas,
tejidas y enredadas, de los astros errantes,
y cómo cambia el sol de morada, y qué hechizo
secreto hace cambiar a la pálida luna,

cuando no mira su ancho ojo, escondida, al mar:
él enseñó a regir, como vida en los miembros,
los carros del Océano, con alas de tormenta,
y el celta conoció al indio. Hubo ciudades
entonces; por sus níveas columnas discurrieron
tibios vientos, y el éter en el azur fulgió.
Y se vio el mar azul y los cerros con frondas.
Todo eso, para alivio de su destino, dio
al hombre Prometeo: por eso está colgado,
desgastado en destino de dolor: mas ¿quién llueve
el mal, esa incurable plaga, que, en tanto el hombre
mira su creación como un Dios, y la ve
gloriosa, hacia adelante le impulsa, como resto
de su propio querer, escarnio de la tierra,
el proscrito, el dejado en soledad? No Júpiter:
cuando aún su ceño hacía temblar al Cielo, mientras
su adversario, en cadenas férreas le maldecía,
él temblaba, lo mismo que un esclavo. Declara
¿quién es su señor? Él, ¿es también un esclavo?

DEMOGORGON. Esclavo es todo espíritu al servicio del mal:
tú sabes si lo es Júpiter, o si no lo es.

ASIA.   ¿A quién
llamaste Dios?

DEMOGORGON.   Hablé sólo como vosotros;
porque Júpiter es supremo entre lo vivo.

ASIA. ¿Quién es el señor de ese esclavo?

DEMOGORGON.   Si el abismo
pudiera vomitar sus secretos... La voz
falta, la más profunda verdad no tiene imagen;
pues ¿de qué serviría mandarte contemplar
el mundo en su girar? ¿Para qué pronunciar
Hado, Tiempo, Ocasión, Azar, Cambio? A estas cosas
está sujeto todo, salvo el eterno Amor.

ASIA. Eso pregunté yo, y mi corazón dio
la respuesta que has dado, y de tales verdades
cada cual a sí mismo debe ser el oráculo.
Una pregunta más, y contéstame como
mi propia alma lo haría, de saber la respuesta.
Prometeo va a ser quien una vez levante
el sol del nuevo mundo de gozo: pero ¿cuándo
ha de llegar la hora predestinada?

DEMOGORGON.   ¡Observa!

Asia. Las rocas se han partido: por la noche violeta
veo carros que tiran corceles de alas iris
hollando los oscuros vientos: cada cual tiene
un auriga de locos ojos, que incita al vuelo.
Unos miran atrás, como huyendo de diablos,
pero no veo formas, sino claras estrellas:
otros, de ojos ardientes, se inclinan a beber
con boca ávida, el viento de su velocidad,
igual que si lo que aman fuera ante ellos huyendo,
y casi lo aferraran. Sus claros rizos vuelan
igual que la melena fúlgida de un cometa:
todos al vuelo avanzan.
Demogorgon. Son las Horas perennes
por las que preguntabas. Una te espera a ti.
Asia. Un espíritu frena, con rostro aterrador,
su oscuro carruaje junto al áspero abismo.
Diverso a tus hermanos, amigo fantasmal,
¿quién eres tú y adónde quieres llevarme? ¡Dilo!

Espíritu

Soy sombra de un destino aún más terrorífico
que mi faz: antes que ese planeta se haya puesto
la sombra que se eleva conmigo envolverá
en larga noche el trono de la noche sin rey.
Asia. ¿Qué quieres decir?
Panthea. Esa terrible sombra se alza
de su trono, como humo turbio de una ciudad
que asoló un terremoto junto al mar. ¡Mirad! Monta
al carro: los corceles escapan aterrados:
observad su camino, que la noche ennegrece
por entre las estrellas.
Asia. Así se me responde,
¡qué raro!
Panthea. Mira, al borde, otro carro se queda;
concha ebúrnea llena de fuego carmesí,
que sube y baja dentro de su esculpido borde
de extraña y delicada tracería; el espíritu
juvenil que lo guía tiene ojos de esperanza,
como paloma: al alma atraen sus sonrisas
suaves, como la luz atrae insectos por lo oscuro.

Espíritu

Mis corceles se nutren de relámpago:
en el río del torbellino beben,
y cuando la mañana roja aclara
se bañan en la fresca luz del Sol;
tienen la fuerza de su rapidez.
Sube entonces conmigo, hija de Océano.
Quiero: y su rapidez la noche inflama;
temo: van por delante del Tifón;
antes de disiparse la nube sobre el Atlas,
damos vuelta a la Tierra y a la Luna:
a mediodía, de esta fatiga descansamos;
sube entonces conmigo, hija de Océano.
. . . .

Acto III, Escena I

Cielo. Júpiter *en su trono:* Thetis *y las demás* Divinidades *reunidas.*

Júpiter. Poderes reunidos del cielo, compartiendo
la gloria y la energía de aquel a quien servimos,
¡alegraos! desde hoy soy todopoderoso.
Lo demás ya me estaba sometido: tan sólo
el alma de los hombres, fuego sin apagar,
arde hacia el Cielo con feroz reproche y duda,
y lamentos y rezos de mala gana; y lanza
a lo alto insurrección, que puede amenazar
a nuestro antiguo imperio, aunque esté edificado
de la más vieja fe y el temor, coetáneo
del infierno: y por más que en el aire oscilante
caen mis maldiciones como nieve en las cumbres
sin hierbas, copo a copo, y se aferran a ellas:
aunque bajo la noche de mi cólera trepan
paso a paso las rocas de la vida, escarpadas,
que la hieren, cual hielo hiere el pie sin sandalia,
no obstante, duran sobre la miseria, elevadas,
ávidas, impetuosas, aunque caigan muy pronto:

acabo de engendrar un prodigio asombroso,
aquel hijo fatal, el terror de la tierra,
que sólo está aguardando la hora predestinada,
trayendo del vacante trono de Demogorgon
el temible poder de miembros siempre vivos
que revistieron a ese espíritu temible
sin verse, a bajar otra vez y apagar la chispa.
Echa el vino del cielo, Ganimedes el de Ida,
y llene como fuego las crateras de Dédalo,
y del divino suelo, revestido de flores,
se eleven armonías victoriosas, así
rocío de la tierra bajo estrellas de ocaso:
¡bebed! y el néctar corra por vuestras venas como
el alma de la dicha, oh Dioses inmortales,
hasta que nuestro gozo se una en una ancha voz
lo mismo que la música de los vientos elíseos.
Tú sube junto a mí, con tu vuelo en la luz
del deseo que te hace ser sólo una conmigo,
Thetis, ¡oh clara imagen de la eternidad! Cuando
clamabas: «¡Oh insufrible poder, dios, déjame
a salvo; no resisto las vivas llamas, esta
presencia penetrante! Todo mi ser, igual
que aquel que los numidios fundieron en rocío
con veneno, se borra y hunde por sus cimientos!»;
justo entonces, dos fuertes espíritus, mezclándose,
hicieron un tercero, más fuerte que ambos, y hoy
sin cuerpo, flota en medio de nosotros, notado,
aun no visto, aguardando la encarnación que asciende
(¿oís tronar las ruedas de fuego al moler vientos?),
a lo alto desde el trono de Demogorgon. ¡Ya!
¡Victoria! ¿No lo notas, oh mundo, el terremoto
de su carro tronando por el Olimpo arriba?
(Llega el Carro de la Hora. Baja DEMOGORGON, *y avanza
hacia el Trono de* JÚPITER.)
¡Forma estremecedora! ¿Qué eres? ¡Habla!
DEMOGORGON. Yo soy
la Eternidad. No pidas un nombre más funesto.
Desciende y ven conmigo a lo hondo del abismo.
Hijo tuyo soy, como fuiste hijo de Saturno:
más potente que tú: hemos de morar juntos
desde ahora en tinieblas. No levantes tus rayos.
Nadie ha de seguir siendo el tirano del cielo,

después de ti, ni puede volver a serlo nunca:
mas si quieres, como es destino del gusano
pisado retorcerse hasta morir, depón
tu poder.

JÚPITER.   ¡Oh Prodigio odioso! Todavía
bajo la honda prisión titánica, ¿también
te piso? ¿Te demoras? ¡Piedad, piedad! ¿No habrá
compasión, ni indulgencia, ni perdón? ¡Ojalá
que hicieras ser mi juez a mi enemigo, allí
donde cuelga, rasgado por mi larga venganza,
en el Cáucaso! No me juzgaría así.
Amable y justo, sin miedo ¿no es él el rey
de este mundo? Y entonces ¿tú qué eres? ¡No hay refu-
ni apelación! Entonces, húndete tú conmigo,   [gio,
los dos entre las anchas olas de la desgracia,
como un buitre con una serpiente, exhaustos, caen,
enredados en lucha inextricable a un mar
sin orillas. Que suelte el infierno su fuego
tormentoso en océanos de surcos, y sobre ellos
pongo rumbo al vacío sin fondo, a este arruinado
mundo y a ti y a mí, al vencedor lo mismo
que al vencido, a la ruina de aquello por lo cual
combatieron. ¡Ay, ay! Los elementos ya
no me obedecen. Me hundo con vértigo, por siempre,
y, tal como una nube, mi vencedor, arriba,
mi caída oscurece con su victoria. ¡Ay, ay!

Acto IV

. . . .

PANTHEA.   Es un sonido cósmico, tal de lenguaje. ¡Oíd!

DEMOGORGON

Oh Tierra, imperio en calma de un alma satisfecha,
esfera de divinas formas y de armonías,
¡órbita hermosa! uniendo al rodar el amor
que va pavimentando tu sendero en los cielos.

La Tierra

Oigo: soy como gota del rocío que muere.

Demogorgon

Tú, Luna, que contemplas a la Tierra nocturna
con asombro, lo mismo que ella te mira a ti;
siendo ambas a los hombres, las bestias y el veloz
brotar de aves, belleza, amor, calma, armonía:

La Luna

Oigo: ¡soy una hoja sacudida por ti!

Demogorgon

Reyes de soles y astros, oh Demonios y Dioses,
Etéreas Potestades, que poseéis palacios
elíseos allá arriba, sin viento, afortunados:...

Una Voz de lo alto

Nuestro gran reino escucha; benditos, bendecimos.

Demogorgon

Felices muertos, para quienes los resplandores
de los más claros versos son nubes que os ocultan,
no colores que os puedan retratar, si, en efecto,
vuestra naturaleza es el mismo universo
que en otro tiempo visteis y sufristeis...

Una Voz desde abajo

...O igual
que esos a que dejamos, cambiamos, disipándonos...

Demogorgon

Genios elementales, que vivís igual desde
la alta mente del hombre a la piedra central

de plomo oscuro; desde la cúpula estrellada
al alga sorda donde roe el bicho marino...

Una Voz confusa

Oímos: tus palabras despiertan el Olvido.

Demogorgon

Espíritus que moran en carne: aves, cuadrúpedos,
gusanos, peces: hojas vivientes y capullos;
rayo y viento, rebaños indómitos de niebla
y meteoros que agitan la soledad del aire...

Una Voz

Tu voz para nosotros es viento en bosque quieto.

Demogorgon

Hombre, que fuiste antaño un esclavo y un déspota;
engañador y víctima; una ruina; un viajero
de la cuna a la tumba, a través de la noche
crepuscular que es este día que nunca muere...

Todos

Habla: que tus palabras fuertes no pasen nunca.

Demogorgon

Éste es el día cuando en lo hondo del abismo
se entreabren las bocas de la tierra lanzando
conjuros contra el viejo despotismo del Cielo,
y el Dominio, cautivo, va arrastrado allá abajo:
el amor, de su trono de paciente poder,
desciende al corazón sabio, de la hora última
aturdida de dura paciencia, desde el borde
estrecho y resbaloso y abrupto de la angustia,
como un acantilado, en el corazón brota
y extiende sobre el mundo sus alas saludables.
Virtud, Sabiduría, Suavidad y Paciencia,

vienen a sellar esa firme seguridad
que pone reja al pozo del poder destructivo;
y si, con mano débil, la Eternidad, la madre
de tantos hechos y horas, dejara en libertad
la sierpe que querría estrangularla entera,
ésos son los conjuros con que restablecer
el poder sobre el hado de nuevo desbocado.
Sufrir males que cree la Esperanza sin fin;
perdonar los agravios peores que la noche
o la muerte: retar al Poder que se cree
omnipotente; amar, engendrar: esperar
hasta que la Esperanza produzca de sus propios
destrozos de naufragio las cosas que contempla;
no cambiar, no temblar, ni arrepentirse nunca;
esto, como tu gloria, Titán, habrá de ser
bueno, grande y gozoso, hermoso y libre: sólo
esto es Vida y es Gozo, es Imperio y Victoria.

. . . .

[1820]

ODA A NÁPOLES

(Fragmentos)

Epodo I α

En la desenterrada ciudad entré, y oí las hojas
de otoño como leves pasos de unos espíritus
pasando por las calles, y oí de la Montaña
la soñolienta voz resonar a intervalos
a través de esos ámbitos sin techo: penetrando,
el trueno oracular sacudió al alma atenta
suspendida en mi sangre: noté que desde su honda
alma hablaba la tierra: lo noté, sin oírlo:
a través de las blancas columnas fulguraba
el rebose del mar sosteniendo las islas,
¡un plano de luz entre dos cielos de azul claro!
En torno a mí brillaban muchos sepulcros fúlgidos
cuya pura belleza el Tiempo, complacido
en ahorrar la Muerte, nunca había borrado:
pero cada viviente trazo estaba tan claro
como en el pensamiento del escultor, y allí
las guirnaldas en piedra de mirto, hiedra y pino,
como hojas invernales moldeadas por la nieve,
parecían no sólo moverse y crecer porque
el silencio en cristal del aire estaba encima
de su vida: tal cuando el divino Poder
que arrulló entonces todo, se cernía en lo mío.

Epodo II β

Gran Espíritu, amor más profundo que riges
y que mueves cuanto hay en la orilla italiana:
tú que extiendes el Cielo y que pones en torno
bosques, olas y rocas; tú, que sobre tu estrella

estás sentado, encima del suelo del océano;
¡alma de la belleza!, a cuyo suave mando
las lluvias y los soles destilan su abundancia
desde la gelidez del seno de la Tierra;
haz que esos rayos sean un fuego cegador
de rayos, y esas lluvias, rocío de veneno.
Haz mortal la abundancia de la Tierra, y ordena
al claro Cielo en lo alto, mientras que lo rodean
la luz y la tiniebla, ¡que les haga su tumba
el que quiso hacer de él nuestra tumba y la suya!
O llena con tu ardor armonioso a tus hijos
y álzalos, mientras sobre el sumiso horizonte
tu lámpara da fuego a toda onda en la tarde;
¡sea la alta esperanza del hombre, su deseo
lo que haga realizarse tu voluntad divina!
. . . .

Espíritu, no importa de tu estelar sagrario
qué concedas o qué guardes, ¡ojalá quede
esta ciudad por siempre de tu adoración libre!

[1820]

KEATS

[SONETO]

¡Oh cuántos bardos doran los transcursos del tiempo!
Algunos de ellos siempre nutrieron mi encantada
fantasía: solía meditar sus bellezas,
a veces terrenales, y sublimes a veces;

ahora con frecuencia, al sentarme a rimar,
irrumpen en tropel delante de mi mente,
pero sin producir confusión ni agitado
estrépito: es un grato resonar en repique,

tal los muchos sonidos que almacena el ocaso:
el canto de los pájaros; las hojas en sus roces;
las voces de las aguas; la campana volcándose

con resonar solemne, y otros, innumerables,
que la distancia priva de reconocimiento,
dan una grata música, no un estrépito loco.

[SONETO]

¡Oh Soledad! si tengo que residir contigo,
no sea entre el montón confuso de edificios
destartalados: trepa conmigo por lo abrupto,
hacia el observatorio de la Naturaleza,

donde el arroyo en flores, con su cristal crecido,
es sólo un trecho: déjame observar tus vigilias
bajo un dosel de ramas, donde el ciervo, brincando,
espanta a la silvestre abeja en su campánula.

Pero aunque en paz contigo seguiré estas escenas,
la conversación dulce de una mente inocente
cuyas palabras sean imágenes de ideas

refinadas, complace a mi alma: y debe ser
la más alta ventura de la humanidad cuando
huyen a tu refugio dos ánimos gemelos.

[*A mis hermanos*]

Vivas llamitas juegan por los nuevos carbones,
y sus leves crujidos, sobre nuestro silencio,
son susurros de dioses domésticos que guardan
un imperio amoroso de fraternales almas.

Y mientras busco rimas dando vueltas al mundo,
vuestros ojos se fijan, como en poético sueño,
en el haber de cuentos, tan profundo y variado,
que compadece nuestro cuidado al fin del día.

Hoy es tu cumpleaños, Tom, y yo estoy contento
de ver que pasa así, suave y tranquilamente.
¡Ojalá muchas noches de suaves susurros

podamos pasar juntos, y con calma gustemos
los goces verdaderos —hasta que la gran voz
del alto rostro mande volar a nuestras almas!

[Soneto]

Quien largo tiempo estuvo recluso en la ciudad
se llena de dulzura al ver la abierta cara
del cielo; al exhalar una oración de lleno
lanzada a la sonrisa del azul firmamento.

¿Quién más feliz que cuando, de corazón alegre,
fatigado, se tiende en un grato escondite
entre hierba ondulante al viento, y allí lee
algún suave relato de amor y languidez?

Al regresar a casa, al ocaso, escuchando
el son de Filomela, con la mirada puesta
en la clara carrera de nubes en deriva,

lamenta que tan pronto se haya escapado el día,
igual que se desliza una lágrima de ángel
cayendo por el claro éter calladamente.

AL ASOMARSE POR PRIMERA VEZ
AL HOMERO DE CHAPMAN

Mucho he viajado yo por las tierras del oro,
y he visto muchos reinos y espléndidos imperios;
en torno a muchas islas del Occidente he estado,
que los bardos conservan como feudos de Apolo.

Mucho he oído hablar de la vasta extensión
que rigió como suya Homero, el de honda frente,
mas nunca respiré su serenidad pura
hasta que escuché a Chapman hablar fuerte y sonoro:

noté, entonces, lo mismo que el que observa los cielos
cuando un nuevo planeta, flotando, entra en su vista,
o el robusto Cortés cuando, con ojos de águila,

se asomó hasta el Pacífico, pasmado, y sus soldados
entre sí se miraron, preguntándose atónitos,
silenciosos, en lo alto de un pico del Darién.

[*Sobre la cigarra y el grillo*]

No muere la poesía de la tierra jamás:
cuando todas las aves desmayan de calor
ocultándose en frescos ramajes, una voz
corre de seto en seto el prado ya segado:

es la de la cigarra, hecha la voz cantante
del lujo del estío; no agota su placer,
pues cuando se fatiga de divertirse así,
descansa a gusto bajo alguna grata hierba.

No cesa la poesía de la tierra jamás:
en la noche de invierno solitaria, acallada
por la escarcha en silencio, desde la chimenea

brota el canto del grillo, con más y más ardor,
y al que, medio perdido, dormita, le parece
el son de la cigarra entre lomas de hierba.

[Soneto]

Después que oscuros hálitos gravaron nuestros llanos
una larga y temible temporada, hay un día,
hijo del dulce Sur, que limpia y que se lleva
todas las feas manchas de los cielos enfermos.

El angustiado mes, libre de sus dolores,
se hace mayo, y recobra sus derechos perdidos:
los párpados se alegran con el frescor que pasa,
tal pétalos de rosa con lluvias de verano.

Tranquilos pensamientos nos ciñen: como de hojas
con yemas; o de frutas madurando; otoñales
soles sonriendo sobre gavillas vespertinas;

dulce rostro de Safo; sonriente niño en sueños;
la arena, paulatina, por un reloj fluyendo;
un arroyo de bosque; la muerte de un poeta.

[Soneto]

Cuando siento temores de acabar de existir
antes de que mi pluma espigue mi inventiva
y de que altos montones de libros en sus tipos
guarden, ricos graneros, mi grano bien maduro;

cuando observo en la faz de la noche estrellada,
en nubes, vastos símbolos de sublime aventura,
y pienso que quizá no viva hasta rastrear
sus sombras, con la mágica mano de lo azaroso;

y cuando siento, hermosa criatura de un momento,
que jamás volveré a mirarte otra vez,
jamás a deleitarme en la mágica fuerza

del amor sin pensar..., entonces, a la orilla
del anchuroso mundo, me yergo solo, y pienso,
hasta que Amor y Fama se abisman en la nada.

[*Escrito al final del cuento de Chaucer
«La flor y la hoja»*]

Este dulce relato es igual que un vergel:
los versos se entrelazan, con dulzura melosa,
en tan grato lugar reteniendo al lector,
que acá y allá se para, con el corazón lleno,

a menudo sintiendo las gotas de rocío
que le dan en la cara, súbitamente frescas,
y por la melodía errante rastreando
a dónde brinca el tordo con sus tiernas patitas.

¡Oh cuánta fuerza tiene la blanca Sencillez!
¡Qué fuerte y poderosa es esta amable historia!
Yo, que tengo sed siempre de gloria, en este instante,

estaría contento con tenderme en la hierba
mansamente, lo mismo que esos cuyos sollozos
solamente los oyen los tristes petirrojos.

[A J. R.]

Si una semana fuese una era, y sintiéramos
un adiós y un reencuentro cordial cada semana:
entonces sólo un año sería un millar de años,
con calor en la cara siempre de bienvenida;

entonces viviríamos larga vida en muy poco
espacio, y a sí mismo se aboliría el tiempo,
y así un viaje de un día en neblina de olvido
se alargaría para servir a nuestro goce.

¡Oh llegar cada lunes de la India, de mañana!
¡Oh desembarcar cada martes del rico Oriente!
¡En poco tiempo unir gran multitud de gozos

y mantener las almas en un jadeo eterno!
Esta mañana, amigo, y la tarde de ayer
a albergar me enseñaron tan feliz pensamiento.

AL SUEÑO

Suave embalsamador en calma medianoche,
que cierras, con benignos y cuidadosos dedos
nuestros ojos, contentos de lo oscuro, entre frondas
contra la luz, en sombra, con olvido divino:

oh suave Sueño, cierra, si te parece, en medio
de este tu himno, mis dóciles ojos, si no es que aguardas
al «amén», a que traiga tu adormidera en torno
de mi cama su arrullo caritativo: entonces,

sálvame, o si no, el día pasado brillará
en mi almohada, engendrando muchos dolores; sálvame
de la conciencia, siempre curiosa, que dirige

su fuerza a la tiniebla, como un topo horadando;
gira, diestro, la llave en su engrasado cierre
y sella el acallado ataúd de mi Alma.

[Soneto]

¿Por qué reí esta noche? Ninguna voz lo dice;
ningún dios ni demonio de severa respuesta
se digna replicar desde cielo o infierno.
Así, a mi corazón humano me dirijo:

¡Corazón! Tú y yo estamos aquí tristes y solos;
escúchame: ¿por qué reí? ¡Oh dolor mortal!
¡Oh tiniebla, tiniebla! Siempre habré de gemir
interrogando a Cielo, Infierno y Corazón.

¿Por qué reí? Este plazo de ser que se me ha dado
lleva mi fantasía a sus más altas dichas;
pero acabar querría hoy mismo, a medianoche,

viendo rotas las claras banderas de este mundo:
verso, fama y belleza son mucho, ciertamente,
pero la muerte es más: el premio de la vida.

[*Escrito en una guarda de las poesías de Shakespeare,
enfrente de la «Queja de un amante»*]

Clara estrella, ojalá firme como tú fuera,
no colgado en fulgor solitario en la noche
observando, con párpados eternamente abiertos,
como insomne y paciente Ermitaño del mundo,

cumplir las aguas móviles ritos sacerdotales
de ablución pura en torno en las costas humanas,
o mirando la máscara recién caída, suave,
de nieve en las montañas y en las ciénagas: no,

sino siempre constante, sin cambiar, en la almohada
del pecho madurado de mi amada, sin pausa
percibiendo su blando descender y subir,

despierto siempre en dulce inquietud, escuchando
para siempre su aliento cargado de ternura,
y vivir siempre así —o desmayarme en muerte.

AL VER LOS MÁRMOLES ELGIN

Mi espíritu es muy débil, pues la mortalidad
pesa y me oprime como sueño no deseado,
y cada imaginado pináculo escabroso,
de dificultad digna de algún dios, me recuerda

que he de morir como águila enferma cara al cielo.
Sin embargo, es un lujo amable, el de llorar
sin haber de guardar los vientos con sus nubes,
prestos para el abrirse de los ojos del alba.

Tales glorias, a medias captadas, del cerebro,
al corazón someten un feudo indescriptible;
también estos prodigios dan un dolor de vértigo,

que mezcla la grandeza griega y el desperdicio
tosco del viejo Tiempo; con un mar ondulado,
con un sol —una sombra de una enorme grandeza.

[*De una carta a John Hamilton Reynolds, jueves 18
de febrero de 1818:* «*Me vi llevado a esos pensamientos, mi querido Reynolds, por la belleza de la mañana, que producía una sensación de pereza: no he leído ningún libro; la mañana dijo que estaba bien; no tenía otra idea sino la de la mañana, y el tordo dijo que yo tenía razón, pareciendo decir...*»]

Tú, que el viento invernal has sentido en tu rostro
y has visto entre la niebla las nubes de la nieve
y negros olmos entre estrellas ateridas:
para ti primavera será la temporada

de cosecha; tú, cuyo solo libro es la luz
de la suprema sombra de que te alimentaste,
noche tras noche, cuando estaba ausente Febo:
para ti primavera será una triple aurora.

No te inquiete el saber: yo no tengo ninguno,
pero mi canto surge, natural, al calor;
no te inquiete el saber: yo no tengo ninguno,

y el ocaso me escucha. Aquel que se entristece
al pensar en el ocio, no puede estar ocioso,
y está despierto aquel que se cree dormido.

[*En el cuarto donde vivió Robert Burns*]

Ese cuerpo mortal que duró tantos días
ahora llena, ¡oh Burns!, un espacio en tu cuarto,
donde soñabas solo en laureles floridos,
feliz y sin pensar en tu día del Juicio.

Mi pulso se calienta con tu misma cerveza;
mi cabeza se eleva honrando a tan gran alma;
mis ojos van errantes, y no puedo ver nada:
la fantasía está muerta y ebria en su meta;

pero puedo tocar tu suelo con mi pie,
y puedo levantar tus cristales y hallar
el prado que pisaste una vez y otra vez;

y pensar en ti, haciendo que ciegue el pensamiento,
y apurando de un trago un buen vaso a tu nombre:
¡sonríe entre las sombras, porque la fama es esto!

MUESTRA DE UNA INCITACIÓN A UN POEMA

¡Mirad! He de contar una leyenda heroica,
pues grandes plumas blancas danzan ante mis ojos.
No en el formal penacho de días más recientes,
sino de mil maneras graciosas inclinándose;
tan graciosas que no podría mano humana,
ni aun la varita mágica de Archimago, hechizarlas
en tales actitudes. Más bien hay que pensar
que, con humor de juego, una brisa de monte
hubiera dedicado su placer principal
a mostrar tal prodigio de su amable poder.
¡Mirad! He de contar una leyenda heroica:
porque, mientras cavilo, la lanza apunta, oblicua,
al aire mañanero: alguna dulce dama,
que de frío no puede sentir sus tiernos pies,
desde el gastado borde de una vieja muralla,
con lágrimas saluda a su fuerte campeón:
y, no ocultando el gozo de su pura persona,
se envuelve en amplio manto con dichoso temblor.
A veces, si descansa ese buen caballero,
se le ve reflejado, claramente, en un lago,
con los brotes del fresno en que se apoya, y nidos
medio visibles, entre musgos y aves cantoras.
¡Ah ¿sabré decir nunca la crueldad, cuando el fuego
chispea en la mirada de un guerrero, y su mano
fuerte aferra la lanza, y su ceño sombrío
se entreteje de cólera? ¿Diré cuando su espíritu,
en más tranquilo intento, da un salto a los honores
de un torneo, y a cuantos rodean el terreno
pasma con la grandeza de su cabalgar? ¡No!
Eso está lejos: ¿cómo, entonces, revivir
el son agonizante de tantos ministriles
que se demora aún por largos arcos góticos,
en hiedra verde oscura, entre alerces silvestres?
¿Cómo cantar el vivo esplendor de las fiestas,

bebiendo los toneles de vino hasta las heces?
¿Y aquella clara lanza, al pie de las almenas,
a la sombra de tantos pendones y banderas,
en ristre, en la brillante coraza, con la espada
y el escudo? Una espuela veis en campo sangriento.
Damiselas de leves pies, con pasos ligeros,
el ancho salón cruzan, mostrando alegres rostros,
o, en cortesana charla, se juntan en corrillos;
tal como las estrellas titilando en el cielo.
Pero debo contar una leyenda heroica:
pues ¿por qué tan ufano pasa el corcel, si no?
¿Por qué, aún más ufano, el gentil caballero
refrena con las riendas su gallardo poder?

¡Spenser! tu frente es ancha, tus ojos son benévolos,
y vienen a mi mente como una clara aurora;
y siempre con placer danza mi corazón
cuando pienso en tu noble rostro, donde jamás
se vio algo más terrestre que la pura frescura
de tus verdes laureles. Así pues, oh gran bardo,
no temo conjurar tu espíritu gentil
a que se cierna cerca de mis pasos osados:
o si tu tierno afecto, en brusco sobresalto,
con celos de que algún caballero siguiera
con sus pies, locamente, ese claro sendero
trazado por tu amada Libertas: ¿hablará,
y te podrá decir que mi ruego es muy manso,
con temor a mi extraña pretensión comenzando?
A él le escucharás: yo descanso en la esperanza
de ver anchas llanuras, laderas verdes, árboles;
la mañana, el ocaso, la luz, la sombra, flores,
claros ríos intactos, lagos, torres mirándolos.

SUEÑO Y POESÍA

[Fragmentos]

¿Qué puede ser más suave que una brisa en verano?
¿Qué es más reconfortante que ese lindo zumbido
que se para un momento en una flor abierta,
y vibra alegremente de macizo en macizo?
¿Qué hay más en paz que alguna rosa almizclada abrién-
en una fértil isla ignorada del hombre?   [dose
¿Qué habrá más saludable que el follaje en los valles;
más secreto que un nido de ruiseñores, más
sereno que el semblante de Cordelia; más lleno
de visiones que una alta leyenda, sino el sueño,
el sueño, que nos cierra los ojos suavemente?
¡Sordo murmurador de arrullos de ternura,
revoloteando sobre nuestra dichosa almohada,
trenzador de amapolas y de sauces llorones!
¡Escuchador feliz, al bendecirte el alba
por venir a dar vida a los ojos alegres
que refulgen tan claros para ver el sol nuevo!

Pero ¿qué hay sobre ti más alto que el pensar;
más fresco que las bayas de un árbol de montaña;
más extraño, más bello, más suave, más egregio
que alas de cisne, tórtolas o un águila entrevista?
¿Qué es eso? ¿Y a qué puedo compararlo? Hay en ello
una gloria que nada más puede compartir:
pensarlo da respeto, es dulce y es sagrado,
ahuyenta la locura y la mundanidad;
a veces llega como trueno terrible, o sordo
rumor de las regiones debajo de la tierra;
a veces llega como un amable susurro
de todos los secretos de algún ser prodigioso
que alienta en torno nuestro en el aire vacío;
de modo que miramos, con un pasmo curioso,

viendo formas de luz, aéreas miniaturas,
captando suaves ecos de himnos casi no oídos;
y viendo la corona de laurel puesta en lo alto
que ha de honrar nuestro nombre al terminar la vida.
A veces eso da una gloria a la voz
y del corazón brota: ¡Alégrate, ten gozo!,
sones que alcanzarán al Hacedor de todo,
para ir a morir lejos en ardientes murmullos.

Todo el que alguna vez ha visto el sol glorioso,
entre nubes, sintiendo el pecho limpio para
la presencia del gran Hacedor, bien sabrá
lo que quiero decir, sintiendo arder su ser:
así, no ofenderé a su espíritu ahora
diciendo lo que él ve por su mérito innato.

¡Poesía! por ti empuño yo mi pluma;
que no soy todavía glorioso ciudadano
de tu ancho cielo, ¿debo más bien arrodillarme
en lo alto de algún monte, hasta que sienta en torno
de mí colgando un fúlgido esplendor, dando un eco
con mi voz a la voz que vive de tu lengua?

¡Poesía! por ti empuño yo mi pluma,
que no soy todavía glorioso ciudadano
de tu ancho cielo: pero, a mis ardientes ruegos,
manda de tu santuario aire claro, aromado,
como para embriagar el aliento de tantos
rincones florecidos, que muera yo una muerte
de lujo, y que mi espíritu joven pueda seguir
los rayos mañaneros, al gran Apolo, como
un sacrificio nuevo; o si soportar puedo
la excesiva dulzura, que me lleve a visiones
bellas de todas partes . . . .
. . . . y escriba en tus tablillas
todo lo permitido, todo lo preparado
para nuestros humanos sentidos. Así entonces,
como un fuerte gigante, captaré lo que ocurre
en este vasto mundo, y excitaré mi espíritu
hasta ver con orgullo en sus hombros brotar
alas con que buscar una inmortalidad.

¡Deténte y considera! La vida es sólo un día,
es una frágil gota de rocío bajando
con peligro de un árbol: el pobre indio dormido
mientras va su canoa, veloz, a una monstruosa
catarata. ¿Por qué un gemido tan triste?
La vida es la esperanza de una rosa aún no abierta,
la lectura de un cuento siempre cambiante; el leve
levantarse del velo de una doncella; el claro
girar de una paloma en el aire estival;
un escolar que ríe, sin cuidado ni pena,
a las primaverales ramas de un olmo izado.

¡Ah, si puedo inundarme diez años en poesía!
Podría así cumplir la acción que ha decretado
mi alma para sí misma. Entonces cruzaré
los países que veo en larga perspectiva,
bebiendo de sus fuentes puras. Primero el reino
de Flora y del anciano Pan: durmiendo en la hierba,
nutriéndome de rojas manzanas y de fresas,
con todos los placeres que ve mi fantasía:
capturar en lo umbroso ninfas de blancas manos,
robando dulces besos de caras que se apartan,
con sus dedos jugar, tocar sus blancos hombros
encogiéndose, lindos, a un mordisco tan fuerte
como puedan mis labios: hasta que al fin, de acuerdo,
leamos un amable cuento de vida humana.
. . . .
¿Y puedo despedir para siempre a estos gozos?
Sí, he de dejarles por una vida más noble,
donde encuentre la angustia, la discordia de tantos
corazones humanos; pues ¡mirad! veo lejos,
navegando los riscos azules, un carruaje
y corceles que agitan melenas —el auriga
mira sobre los vientos con un temor glorioso.
. . . .
El auriga habla entonces con prodigiosos gestos
a las montañas y árboles, y allí aparecen pronto
figuras de deleite, de misterio, de miedo,
pasando por delante del espacio sombrío
de unos robustos robles, y se van, deslizándose,
como tras una música que siempre está flotando.
¡Mira! murmuran, ríen, y sonríen y lloran:

unas con levantada mano y severa boca:
algunas ocultando la cara entre los brazos,
la cabeza en un velo: otras, floridas, jóvenes,
avanzan sonriendo de frente a la tiniebla:
unas miran atrás, otras miran a lo alto:
millares en millares de modos diferentes
se adelantan; ahora muchachas en guirnalda
enredan al danzar su leve pelo en rizos;
danzan con anchas alas. Temiblemente atento,
se inclina hacia delante el auriga del carro
y parece escuchar: ¡Ah si supiera yo
lo que escribe con tal fulgor apresurado!

Huyeron las visiones: ha huido el carruaje
hacia la luz del cielo, y llega en su lugar
un sentido de cosas reales, aún más fuerte
y, como un cenagoso río, quiere arrastrar
hacia la nada mi alma: mas yo me esforzaré
contra todas las dudas, y conservaré vivo
el pensar en aquel carruaje, y el extraño
viaje a donde se fue.
                    ¿Hay tan pequeño alcance
en la presente fuerza de los hombres, que la alta
Imaginación no puede volar tan libre
como solía antaño; preparar sus corceles,
contra la luz piafantes, a hacer cosas extrañas
sobre las nubes? ¿No nos lo ha mostrado todo,
desde el espacio claro del éter al pequeño
alentar de los nuevos capullos al abrirse;
desde el significado del gran ceño de Jove
al tierno verdear de los prados de abril?
Aquí brilló su altar, en esta misma isla,
y ¿quién ponderaría aquel ferviente coro
que elevaba su son de armonía hasta donde
por siempre flotará su poderoso ser
de envolvente sonido, grande como un planeta,
y como él dando vuelta eternamente en torno
de un vacío de vértigo? Sí, las Musas entonces
estaban abrumadas de honores, sin más cura
que cantar y alisar su cabello ondulado.

¿Se podría olvidar todo esto? Sí, que un cisma,
nutrido de barbarie y de pedantería,
hizo huir ruboroso a Apolo de esta tierra:
sabios se llamó a aquellos que entender no podían
sus glorias; con la fuerza de un niñito llorón
montaron un caballo de cartón y creyeron
que era Pegaso. ¡Ah, hombres de alma funesta!
Soplaban desde el cielo los vientos, el océano
removía sus olas, pero no lo sentíais.
Descubría su seno eterno el vasto azul
y el rocío de noches de verano, reunido
para adornar la aurora: ¡la belleza velaba!
Pero ¿por qué no estabais despiertos? Muerto habíais
a cosas que ignorabais. . . . .

. . . . Para aliviarme, paso
a ideas más humildes, y que este extraño ensayo
que empecé con dulzura, igual pueda extinguirse.
Todo tumulto ahora se disipa en mi pecho:
con ánimo me vuelvo a amistosas ayudas
que allanan el sendero del honor: hermandad
y amistad, la nodriza del recíproco bien;
la comprensión que envía un brillante soneto
al cerebro antes que pueda pensar en ello:
el silencio en que surgen ciertas rimas: y cuando
llegan, el arrebato placentero: el mensaje
seguro de que va a cumplirse mañana.
Quizá esté bien entonces sacar prestado un libro
precioso de su cómodo retiro, para en torno
de él juntarnos la próxima vez que nos encontremos.
Casi no puedo ya seguir garrapateando:
pues deliciosos aires por mi cuarto aletean
lo mismo que palomas emparejadas, muchos
deleites recordando, de aquel alegre día,
en que por vez primera captaron mis sentidos
su caída, tan tierna. Con esos aires vienen
figuras de elegancia, inclinando los hombros
sobre un corcel piafante, descuidadas, grandiosas
—suaves dedos redondos entre abundantes rizos—,
y el gran salto de Baco, veloz, desde su carro,
cuando ante su mirada se ruborizó Ariadna.

Así recuerdo yo todo el grato fluir
de palabras abriendo una carpeta de arte.

Tales cosas son siempre heraldos de cortejos
de imágenes pacíficas: el moverse de un cuello
de cisne entre los juncos; un pinzón que se arranca
en la espesura: alguna mariposa con alas
doradas bien abiertas, posada en una rosa,
convulsa, como en trance punzante de placer;
y tantas cosas más podría permitirme
en toda mi reserva de lujos: mas no olvido
al sueño, con su muda corona de amapolas:
pues lo que pueda haber de digno en estos versos
a él se lo debo en parte: y así la voz de amigos
dejaba su lugar a un silencio tan dulce
en que rememorar el placentero día,
reposando en un lecho. Era aquella la casa
de un poeta que guarda las llaves del santuario
del placer. Allí, en torno, pendían las facciones
gloriosas de los bardos que otros tiempos cantaron:
fríos, sagrados bustos allí se sonreían
mutuamente. ¡Feliz quien puede confiar
su tan querida fama al claro porvenir!
. . . .
El pensar sólo dónde estaba bien podía
tener lejos al Sueño; pero, aún más, vinieron
pensamientos seguidos a alimentar la llama
en mi pecho: de modo que la luz de la aurora
me sorprendió sacándome de una noche sin sueño:
y me levanté, fresco, descansado y alegre,
decidiendo empezar en ese mismo día
estos versos: y tal como puedan estar,
aquí los dejo, como un padre deja a su hijo.

ENDYMIÓN

[*Fragmentos*]

Libro I

Un poco de belleza es gozo para siempre:
su encanto aumenta: nunca pasará hacia la nada;
sino que guardará un rincón de verdor
en paz para nosotros, y un tiempo de dormir
lleno de dulces sueños, salud y aliento en paz.
Así, cada mañana, vamos entretejiendo
un vínculo de flores que nos ate a la tierra,
a pesar de tristezas, la inhumana escasez
de caracteres nobles, los días de tiniebla,
y todos los caminos oscuros y funestos
a nuestra busca abiertos: a pesar de esas cosas,
un toque de belleza quita el pesado velo
de nuestro oscuro espíritu: así es el sol, la luna,
viejos y nuevos árboles, brotando en don de sombra
para simples ovejas: así son los narcisos
con todo el verde mundo en que viven: barrancos
claros, que se procuran un techo de frescura
contra el calor del tiempo: la espesura del bosque
rica de un salpicado de rosas almizcladas;
y así es el esplendor de los destinos que hemos
imaginado para los poderosos muertos;
una fuente sin fin de bebida inmortal
que nos llega manando desde el borde del cielo.

Y no sentimos esas esencias meramente
en una hora fugaz: no, tal como los árboles
que susurran en torno de un templo, pronto se hacen
tan caros como el templo, tal pasa con la luna,
con la pasión poética, las glorias infinitas,
que nos siguen, haciéndose una luz de alegría

en nuestra alma, enlazada con nosotros tan firme:
tanto con sol brillante como con gris nublado,
han de estar con nosotros siempre, o si no, morimos.
Por tanto, con entera felicidad ahora
voy a contar la historia de Endymión. Aun la misma
música de su nombre se ha metido en mi ser;
y cada grata escena surge, fresca, ante mí,
como el verdor de nuestros valles: así comienzo,
hoy que no escucho el ruido de la ciudad: ahora
que las flores tempranas están nuevas y corren
formando laberintos del más joven matiz,
por viejos bosques; mientras el sauce balancea
su ámbar delicadísimo, y en cubos, los vaqueros
traen rebose a casa de leche. Y como el año
se complace en jugosos tallos, guiaré, suave,
mi barca, muchas horas de silencio, en arroyos
que con frescor se ahondan en verdes escondites.
Muchos versos espero poder escribir, antes
de que las margaritas áureas, de blanco borde,
se escondan en la hierba honda, y antes que zumben
las abejas en torno de guisantes de olor
espero tener casi la mitad de mi historia.
Que no pueda el invierno, canoso y despojado,
verla a medio acabar, sino el osado otoño,
con tinte universal de oro sobrio, esté en torno
de mí cuando la acabe. Y ahora, aventurero,
al momento ya envío mi pensamiento heraldo
hacia una soledad: suene allí su trompeta,
y revista de prisa mi camino inseguro
de verdores, que yo pueda avanzar de prisa
fácilmente, a través de flores y de hierbas.

Un poderoso bosque cubría las laderas
de Latmos: la humedad de esa tierra nutría
tan ricas, las raíces cubiertas de hierbajos
bajo ramas colgantes, abundantes en frutos.
Había densas sombras, honduras apartadas
donde no entraba nadie: si, huyendo del pastor,
penetraba un cordero esos rincones íntimos,
nunca vería más los felices rediles
a donde sus hermanos, balando de contento,
a cada atardecer iban por las colinas.

Creían los pastores siempre que ni un lanudo
cordero que de tal modo se separara
de su blanco rebaño se vería atacado
por feroz lobo, o fiera de cabeza acechante,
hasta llegar a ciertos llanos hollados donde
pacían los rebaños de Pan: es más, ganaba
mucho el que así perdía un cordero. Senderos,
muchos había; helechos y juncos abundantes
y laderas con hiedras: todos llevando, gratos,
a un ancho césped donde sólo podían verse
densos tallos en torno, en medio de la hierba
y las ramas colgantes: ¿qué podría decir
la frescura del cielo, del espacio en la altura
rodeado de oscuras copas de árbol? A veces
pasaba una paloma, aleteando, y a veces
iba una nubecilla a través del azul.
En medio del verdor de ese espacio tan grato
se elevaba un altar de mármol, adornado
de un trenzado de flores aún llenas de rocío.
. . . .

[Del Libro II]

¡Oh poder soberano de amor! ¡Oh pena, oh bálsamo!
Toda noticia, salvo las tuyas, llega fría,
con calma, en sombras, entre la niebla de los años
pasados; para otros, buenos o malos, odio
y lágrimas se han vuelto indiferentes, pero
en lo tuyo, un suspiro tiene eco; y un sollozo
es queja, un beso trae el rocío de miel
de días sepultados. Los dolores de Troya,
las torres sofocando su incendio, los escudos
bien cogidos, los dardos de lejos traspasando,
los filos bien agudos, en lucha, y sangre y gritos...
todo eso, a media luz se borra, en un rincón
del fondo del cerebro: pero, en nuestras mismísimas
almas, sentimos, dulce, la unión de Troilo y Crésida.
¡Fuera, historia en escenas; fuera, dorada trampa!
¡Negro planeta en vuestro universo de acciones!
¡ancho mar que da un solo continuado murmullo
en la memoria, orilla de guijarros rodados!

Muchas barcas de viejas tablas podridas hay
en tu seno de niebla, engrandecidas como
espléndidos bajeles: muchas velas ufanas,
con áurea quilla, quedan en seco, sin botar.
Pero ¿por qué? ¿Qué importa el que volara el búho
junto al mástil del gran almirante ateniense?
¿Qué importa si Alejandro cruzó con raudos pasos
el Indus con sus huestes macedonias? Si el viejo
Ulises torturó al Cíclope saciado
sacándole del sueño, ¿qué más nos da? Julieta,
asomada entre flores al balcón, suspirando,
sacando tiernamente su infantil fantasía
de su virginal nieve, nos importa más que eso:
el plateado río de las lágrimas de Hero,
el desmayo de Imogen, la bella Pastorella
presa por el bandido en su cueva, son cosas
que meditar con más ardor que el día de muerte
de los Imperios. Esta convicción, con temor,
debe invadir a aquel que, descontento, hasta hoy,
se ha atrevido a pisar, sin que le sonriera
ni una Musa, ni el éxito, la senda del amor
y de la poesía. Pero el ocio, en caliente
inquietud, es peor que el quedar aplastado,
intentando elevar el pendón del Amor
en los muros del canto. Así que, una vez más,
ayúdenme a seguir los días y las noches,
soldados en legión . . . .
. . . .

ODA A UN RUISEÑOR

I

Me duele el corazón, y un sopor doloroso
aturde mis sentidos, como el tomar beleño,
o con un opio turbio bebido hasta las heces
hace un momento, hundiéndose, camino del Leteo:
y no por envidiar tu destino feliz,
sino por demasiado dichoso con tu dicha,
pues tú, Dríada de alas ligeras en los árboles,
en algún bosquecillo melodioso de verdes
abedules y sombras innumerables, cantas
del verano, con toda la garganta, tranquilo.

II

¡Ah, si tuviera un sorbo de vino, refrescado
largo tiempo en la tierra de profundas cavernas,
gustando así de Flora y el campo verde, el baile,
la canción provenzal, y el júbilo soleado!
¡Ah, si tuviera un jarro lleno del Sur caliente,
lleno del ruboroso Hipocrene, el auténtico,
con burbujas guiñando en el borde, en rosario,
y mi boca manchada de púrpura! Ojalá
bebiera, abandonando el mundo sin ser visto,
contigo disipándome por el bosque en penumbra.

III

Disolviéndose lejos, olvidando del todo
lo que tú no has sabido jamás entre las hojas;
la fatiga, la fiebre, la prisa, aquí, sentados
donde los hombres se oyen gemir unos a otros,

la vejez quita pocos, tristes, pálidos pelos;
la juventud marchita, hecha un espectro, muere;
donde sólo pensar ya es llenarse de pena
y desesperación de plomiza mirada;
sin poder la Belleza guardar sus claros ojos,
ni el nuevo Amor por ellos llorar más que mañana.

IV

Lejos, lejos, pues quiero escapar hacia ti,
no llevado en su carro por Baco y sus leopardos,
sino en las invisibles alas de la Poesía,
aunque el torpe cerebro se retarde, perplejo:
¡ya contigo! la noche es tierna, y por ventura
la Reina de la noche está en su trono; en torno
de ella el tropel de todas sus estelares Hadas;
pero no hay luz aquí, sino la que del cielo
desciende con el soplo de las brisas, por sombras
de verdura y musgosos caminos serpentinos.

V

No puedo ver qué flores hay a mis pies, ni qué
suave incienso se enreda entre las ramas, pero
en balsámica sombra, cada aroma adivino,
con que la estación dota en este mes la hierba,
el seto, la espesura de frutales: el blanco
espino, y la englantina pastoral: las violetas,
tan pronto marchitadas, escondidas entre hojas;
la hija primogénita de mediados de mayo,
rosa almizclada, llena de vino de rocío,
toda zumbar de moscas en ocasos de estío.

VI

Escucho entre la sombra; muchas veces estuve
enamorado casi de la cómoda Muerte,
y le di dulces nombres en rimas de mi Musa,
que se llevara al aire mi aliento silencioso;

hoy más que nunca pienso que es riqueza el morir,
acabar sin dolor hacia la medianoche,
¡mientras estás lanzando hacia lo lejos tu alma
en un éxtasis tal! Tú cantarías siempre,
pero no servirían mis oídos: me habría
vuelto un trozo de tierra para tu claro réquiem.

VII

Tú no has nacido para la Muerte, ¡inmortal Pájaro!
No han de pisotearte otras gentes hambrientas:
la voz que oigo esta noche fugaz es la que oyeron
en los días antiguos, el labriego y el rey;
quizá este mismo canto se abrió camino al triste
corazón de Ruth, cuando, con nostalgia de hogar,
llorando, se detuvo en el trigal ajeno;
el mismo, tantas veces, fue un hechizo en murallas
mágicas, que se abrían a la espuma de mares
peligrosos, en tierras de leyenda, olvidadas.

VIII

¡Olvidadas! La misma palabra es la campana
que me hace con su son volver a mi ser solo.
¡Adiós! Tu quejumbrosa canción se va borrando
tras los prados cercanos, sobre el callado arroyo,
por la ladera: ahora se ha enterrado bien hondo
en los otros barrancos de los valles: ¿ha sido
una visión, o un sueño con los ojos abiertos?
Esa música huyó. ¿Duermo o estoy despierto?

ODA SOBRE UN ÁNFORA GRIEGA

I

Tú, novia intacta aún del silencio, adoptiva
hija del lento tiempo y de la paz en calma,
silvestre historiadora, que así puedes contar
un relato florido más dulce que mis versos,
¿qué cuento enguirnaldado de hojas tu forma anima
con dioses o mortales, o unos y otros, en Tempe
o en los valles de Arcadia? ¿Qué hombres o dioses son
éstos? ¿y qué doncellas esquivas? ¿Y qué loco
perseguir? ¿Y qué lucha para escapar? ¿Qué son
estas flautas y sistros? ¿Y este éxtasis tan loco?

II

La melodía oída es dulce, pero más
dulces son las no oídas; sonad, pues, suaves flautas,
no al oído sensual, sino, más apreciadas,
tocad para el espíritu melodías sin tonos;
bello joven, entre árboles, nunca puedes dejar
tu canto, y nunca pueden perder su hoja los árboles;
osado Enamorado, nunca podrás besar,
aunque casi en la meta, pero no lo lamentes;
ella no se ajará aunque sigas sin dicha;
siempre has de amarla, y ella siempre seguirá bella.

III

Felices ramas, nunca se podrán desprender
de vosotras las hojas, en primavera siempre;
y, feliz melodista, incansable, sin fin
entonando en tu flauta siempre nuevas canciones:

¡aún más feliz amor, amor aún más feliz,
siempre cálido, y siempre de su gozo en espera;
jadeando sin tregua y para siempre joven;
todos hacia la altura su pasión exhalando,
que deja el corazón de alta pena atascado,
con una frente ardiente y una lengua reseca!

IV

¿Quiénes son los que vienen al sacrificio? ¿A cuál
verde altar, sacerdote misterioso, conduces
la ternera que muge hacia el cielo, adornados
con guirnaldas sus flancos sedeños? ¿Qué pequeña
ciudad junto a la orilla del mar o junto a un río,
o alzada, con pacífica ciudadela, en un monte,
se vació de su gente esta piadosa aurora?
Tú, pequeña ciudad; tus calles para siempre
estarán silenciosas, y ni un alma que cuente
por qué estás desolada, puede volver jamás.

V

¡Ática forma! ¡Hermosas actitudes! De raza
marmórea, de doncellas y de hombres rebosante,
con sus ramas del bosque y sus juncos hollados;
tú, forma silenciosa, del pensar nos arrancas,
como la eternidad: ¡oh fría pastoral!
Cuando la vejez gaste esta generación
tú quedarás entre otros dolores que los nuestros,
amiga de los hombres, diciéndoles: «Belleza
es verdad, y verdad es belleza»: tan sólo
sabéis eso en la tierra, sin necesitar más.

AL OTOÑO

I

Estación de neblinas y madurez frutal,
gran amiga del sol que todo lo madura;
conspirando con él cargar y bendecir
las viñas que rodean los techados de bálago,
encorvar de manzanas los árboles musgosos
y llenar hasta dentro de madurez la fruta;
hinchar la calabaza, rellenar la avellana
de un dulce corazón, hacer abrirse más
flores tardías para las abejas: que piensen
que los días calientes nunca van a cesar,
pues rebosan verano sus celdas pegajosas.

II

¿Quién, entre tus tesoros, no te ha visto a menudo?
A veces quien se marcha te encuentra descansando
sin cuidado en algún tejado de granero,
con el pelo agitado del viento de la trilla,
o durmiendo en un surco a medio cosechar,
o, ebrio de los vapores de las adormideras,
mientras tu hoz deja a salvo la siguiente gavilla:
como una espigadora, llevas en la cabeza
tu carga bien derecha al cruzar un arroyo:
o al lado de la prensa de sidra, con paciencia,
observas, horas y horas, el rezumar final.

III

¿Dónde están las canciones de Primavera? ¿Dónde?
Tú no pienses en ellas: también tienes tu música
mientras nubes listadas florecen el ocaso

y tocan los rastrojos con un matiz rosado;
entonces, en un coro quejoso, los mosquitos
gimen entre los sauces de la orilla, subiendo
o bajando, según la brisa vive o muere;
y las ovejas balan desde el cauce del cerro;
canta el grillo, y ahora, con su suave voz tiple,
el petirrojo silba desde un rincón del huerto,
y chillan golondrinas juntándose en los cielos.

ODA SOBRE LA MELANCOLÍA

I

No vayas al Leteo ni exprimas la raíz
del acónito y bebas su vino ponzoñoso;
ni dejes que tu pálida frente sea besada
por la noche, rubí uva de Proserpina;
no te hagas un rosario con las bayas del tejo,
ni que el escarabajo o la mortal falena
sea tu Psiquis fúnebre, ni el búho, de plumaje
esponjoso, partícipe de tus misterios sea;
pues sombra a sombra irán llegando con sopor
a ahogar la desvelada angustia de tu alma.

II

Pero cuando el acceso melancólico caiga
de pronto desde el cielo como una nube en llanto
que da vida a las flores cabizbajas y esconde
a la verde colina en mortaja de abril,
con una mañanera rosa cubre tu pena,
o con el arco iris de la ola en la duna,
o con las peonías, en globos de riqueza;
o si tu amada muestra una ira abundante,
aprisiona su suave mano, y que se enfurezca,
y nútrete muy hondo en sus ojos sin par.

III

Con Belleza ella mora, Belleza que es mortal;
y el Gozo, que está siempre con la mano en los labios
diciendo adiós, y cerca el Placer doloroso,
hecho veneno, cuando la boca —como abeja—

la liba: aun en el templo del placer tiene un alto
sagrario la velada Melancolía, visto
sólo por quien con lengua audaz puede estallar
la uva de Jove contra su paladar sutil:
gustará la tristeza de ese poder en su alma
y entre sus nebulosos trofeos colgará.

FAMA

La fama, como moza corrompida, es huraña
con quienes la cortejan postrados como esclavos,
mas se rinde a cualquier joven despreocupado
y chochea aún más por un ánimo en calma.

Es como una gitana: no quiere hablar con quienes
no han aprendido a estar satisfechos sin ella;
es gitana de veras, nacida junto al Nilo,
cuñada del celoso Putifar: así, oh Bardos

de amor enfermos, dadle desprecio por desprecio,
artistas extraviados de amor, ¡locos que sois!
Con vuestra reverencia mejor, decidle adiós;
entonces, si le gusta, ella os perseguirá.

¡Léeme una lección, Musa, bien fuerte
en la cumbre del Nevis, ciega en niebla!
Me asomo a los abismos y un sudario
de vapor los esconde; eso sé yo
que los hombres conocen del infierno:
miro a lo alto, y hay niebla: no más puede
decir del cielo el hombre: niebla ciñe
la tierra, y por debajo de mí: así
de vago, al observarse, se ve el hombre.
Los riscos, aquí están, bajo mis pies:
tan sólo sé que, pobre y tonto espectro,
los piso: y mi mirada sólo encuentra
niebla y riscos, no sólo en esta cima
sino en el mundo del poder mental.

Impreso en España por
A&M GRÀFIC, S. L.
08130 Santa Perpètua de Mogoda